信じて待つ　子育てのコツ

●自閉症児真美ちゃんが教えてくれたこと●先入観
●「学校では分かってくれない」●不登校
●〝やわ〟な子に育てないために●現在のいじめの問題点
●みんなちがってみんないい●生命をみつめる

大塚美智子

日本教文社

信じて待つ　子育てのコツ

◆

目次

装　画　岸本　方子
カット　大塚まほろ

信じて待つ　子育てのコツ

第一章　自閉症児真美ちゃんが教えてくれたこと

真美ちゃんとの出会い

自閉症の真美ちゃん（仮名）との出会いは、私の人間理解の幅を広げてくれる素晴らしいものでした。

真美ちゃんが四年生の時、私はその学校の教頭として赴任したのでした。赴任第一日目から、印象的なかかわり合いができました。赴任式と始業式に尋常ではない騒ぎを見せてくれたお蔭で、その学校のどの子よりも先に声を掛け、存在に大きな関心をもつことができたのでした。

真美ちゃんは、学校では「二～三歳くらいの赤ちゃんのような認識で、何を話しても分からないし、小学生らしいことは何もできない子供」と思われていました。朝会では、大声を出したり走り回ったりするし、床に落ちているものを拾って口に入れるし、ちょっと目を離すと、教室を飛び出し、学校の外へ出てどこに行くか分からないと思われていたのです。また、テラスの柵に上ったり等危ないことをするというので、誰も居なくなるおそれのある特別教室の窓は全て、一人で開けられないような特別の鍵が掛けられていました。（編集部註・真美ちゃんとの出会いの様子は、『認めてほめて引き出して』〈日本教文社刊〉10頁に具体的に書かれています）

そんな真美ちゃんは、一年生の時から毎日家でお母さんと一緒に日記を書いていました。でも、先生方は真美ちゃんの日記は、お母さんの気持をお母さんが真美ちゃんの手をもって書かせているのだと思っていました。お母さんが「私は真美の手の甲を押さえているだけで、私の手の中で真美は自分の思いを自分の言葉で書いているのです」と何度話しても信じてもらえませんでした。それは、学校では、文字どころか、線のなぞり書きもできませんし、お母さんと一緒に文字を書く姿を学校で再現してもらおうと思っても、学校ではお家でのように書くことはできなかったのです。

真美ちゃんの日記

赴任間もなくその話を聞いた私は、真美ちゃんのお母さんが作り話をしているとは思えませんでした。それで、三年生から四年生になる春休みの日記を読ませてもらいました。その日記は、今までの自閉症の概念に当てはまらないような感覚も書かれてあるのですが、自分の本質的な心の動きのみが書かれてあり、私の心をとらえました。次のような日記でした。

3月18日　火曜日
いい人もともだちにいるけどいやな人もいます。いつもこえをかけてくれる人もいます。うれしいときと、かなしいときがあります。

3月19日　水曜日
スキーがこんなにたのしいなんてはじめておもいました。ころんだときはとうさんから

たすけてもらいました。

3月20日　木曜日
あーちゃんたちがきました。にぎやかなせかいにれんらくしたみたい。まいにち、やさしい人たちにかこまれていたいです。

3月21日　金曜日
おたのしみかいははっぴょうがなければいいのに。へたなけんばんはほんとうにはずかしかった。

私は、どうしても全ての先生方に「真美ちゃんの日記は、真美ちゃんの意思そのものなのだ。真美ちゃんは文字を書くことができるし、自分の気持を文にすることができる力を持っている。何も分からないのではなく、周囲の人の言葉も理解できているに違いない」ということを分かってもらいたいと思いました。

お母さんに日記を書いていることを証明できる場面をどうすればできるか相談してみまし

た。私は信じることはできるけれど、真美ちゃんの指導を担当している特殊学級の先生方に信じてもらえなければ、実際には真美ちゃんの指導を変えることができません。お母さんは、今まで学校で何度か試みたけれどだめだったし、家庭訪問の時に見ていただこうと思ったけれどだめだったと言われました。場所や状況が変わるとできなくなってしまう自閉症の子供の事例を今までも見てきていましたので、その時は、単純に真美ちゃんもきっとそうなのだろうと思っていました。

「学校では分かってくれない」

それなら、いつもの状況をＶＴＲで撮ればいいのだと思いました。そして、お家で日記を書くときの様子のＶＴＲができあがりました。そのＶＴＲの中に、三十分くらいかかって次のような日記を書いている真美ちゃんの姿が映っていました。

五月四日
ほんとにたのしいじてんしゃにのっておかいものでしたのにいえにかえったらいやなべんきょうでひょうしぬけしました。

「ひょうしぬけ」の言葉に驚いてしまいましたが、お母さんも意外だったらしく、

「真美、拍子抜けって知っているの？」

と尋ねています。それに答えるかのように真美ちゃんはなにやら、

「○○○○………」

と言っています。そうしましたらお母さんが、

「真美、そんなに分かっているのなら学校でももう少しお話ししなさいよ」

と言い、また真美ちゃんが、

「△△………」

と言い、その後お母さんが、

「だって真美は分かってもらう努力をしていないでしょう」

と話しているのでした。

私は、何度もVTRを再生して何を真美ちゃんが言っているのか聞いてみました。そうしたら「△△………」のところは「がっこうではわかってくれない」と聞こえてきたのです。

真美ちゃんは、お母さんには何でも話していました。五歳の七ヵ月まで発語はなかったそうですが、周囲の話は分かっているようだったと言います。お母さんは、意思が通じなく

て困ったことはなかったとおっしゃるほど、真美ちゃんの気持をとらえることができる方でした。五歳七ヵ月の幼稚園のお泊まり保育から戻ってきた日から、母親には音声言語として聞こえるようになったとおっしゃっています。

真美ちゃんは、その日からお母さんと音声言語でコミュニケーションをとることができるようになりました。しかし、真美ちゃんの言葉はリズムのないゆっくりしたもので、音と音の間にチック音が混じって入ります。それで何を話そうとしているのかを、なかなか分かってあげることができなくなってしまうのです。しかし、お母さんは真美ちゃんの分かりにくいはずの言葉を全部聞き取ることができてきたのです。

お母さんの真美ちゃんを理解する力の素晴らしさに感嘆いたします。お母さんは、真美ちゃんの障害のある部分を真美ちゃんの全てと思いませんでした。自閉症という障害は障害として受け止めながら、真美ちゃんのそのままの姿をしっかりと見つめ、声を素直に聞いていました。決して自閉症という色眼鏡をかけて姿を見たり、何を言っているのか分からないとは思っていませんでした。

赤ちゃんが初めて発語してきたとき、親は誰でも「何を言っているのか分からない」などと否定的な気持で聞くことはありません。「そう」とか「うん、うん」とか受け止めながら、何を言おうとしているか〝長い耳〟で赤ちゃんの言葉を聞こうとします。そのうちに「まんま」が「ご飯」のことなのか、「お母さん」のことなのか、「うまうま」が「食べたい」なのか「おいしい」なのか分かってきます。

真美ちゃんのお母さんは、〝長い耳〟で真美ちゃんの言葉を聞いているうちに、どんな言葉もしっかり理解できるようになっていったのでした。

先入観

日記にもどります。私は、このＶＴＲで真美ちゃんのもつ内言語力の豊かさを確信できたのですが、それまで真美ちゃんの学校での姿に悩まされ続けてきた先生方には、このＶＴＲはさほどの意味をもちませんでした。

お母さんが真美ちゃんの右手の甲を押さえながら一字一字書くのですが、本当にゆっくり、間違えた字は消しゴムで消しながら書き進んでいきます。先入観の無い者にとってはそのまま、真美ちゃんが書こうとしているのをお母さんが支えて書いているように信じられることも、今までの真美ちゃんの赤ちゃんのような姿しか見たことのない教師にとっては、心から信じることができず、お母さんの巧妙なやらせの様に感じてしまったのも仕方のないことでした。

私たちの先入観は、恐ろしい力をもっています。「こうだ」と思ってしまうと、その色のめがねで見えたようにしか見えなくなり、素の目で見ることがとてもとても難しくなってしまいます。

　この子の能力は二歳半くらいと思ってしまうと、そのようにしか見えなくなるのは、特別その頃の先生方が愛情がなかったり、子供理解の力量がなかったと言い切ってしまうことはできません。私を含め、誰もが一旦もってしまった先入観をなくするのはいかに難しいことか、経験があると思います。

　私はたまたま、それまでの真美ちゃんのいろんな幼稚な行動を見たことがほとんどありませんでしたので、先入観がなかったのです。

　後で真美ちゃんの指導を実際に行い、真美ちゃんの潜在力を顕在化してくださった小川先生（仮名）も、私同様この年に赴任してきて真美ちゃんと出会ったわけですので、先入観に汚されていない目で真美ちゃんを見、指導することができたのでした。

もっとわかって——四年生の時の日記から

真美ちゃんは、自分の能力を分かってもらおうと、日記でいろんなことを訴え続けました。真美ちゃんのことをある程度理解してからこの日記を読みますと、訴えている意思も内容の重みも響くように伝わってくると思います。(傍線は、担当の先生たちが後に汲み取ってくれたところです)

4月15日　火曜日

まいにち4の1にいきたいです。ひどいびょうきがまみになければいいのにかなしいです。

5月13日　火曜日

まみは、おべんきょうがきらいではありません。せんせいたちがわからないとおもってかんたんなことしかさせない　そこがすごくおこるところです。もっと一人でもかくようにもがんばる。（要求するだけではなく必ず自己反省をしているのもすごいことです）

6月2日　月曜日

いじめないでください　おともだちのつもりないみたい　だってないことあることなんでもいいます。まみがびょうきでわからないとおもっていろいろいわないでまみはきいたのはわかる。（廊下や校庭で、真美ちゃんが傷つく言葉を言う友達がいたようなのでした）

6月6日　金曜日

○○くんといっしょにおべんきょうするとせんせいをすぐじぶんのほうへつれていくのでまみにもせんせいをつけてください。小川せんせいは○○くんにべったりだし、まみもほしい。

6月8日　日曜日

おかあさんとくすぐりをしました。ちがうあいじょうのひょうげんだとおもいました。かわれるのならはんぱなわたしでなくりっぱな人になりたい。ヘレンケラーやナイチンゲールみたいに。（四年生の子供がこんなに切実にお母さんとの関係を客観視してみたり、自分を見つめようとしているのは驚きです）

6月9日　月曜日

たくさんのまみみたいな人のたちばのりかいをしてもらうたたかいをする人になりたいです。いごこちのよいせかいをつくりたいの。（自分だけではなく障害者みんなへの心配り、そして居心地の良い生活の求め、何と的確に表現していることかと感心します。）

6月10日　火曜日

○○くんは6ねんなのだから4ねんのまみにせんせいをかしてください。ほんとはまみにもつけてください。りっぱにしますから。（自分の学習を保障してほしいという、切実な思いが伝わってきます）

6月22日　日曜日

てじなのようにいろいろなものがすきなときにだすことができる。まみはふつうの子になりたいです。

（普通の子が当たり前にやっていることが手品のようにみえる。この思いを通常の子供たちに伝えて上げたい）

7月10日　木曜日

吉田先生（仮名・担任）**がまみのはなしをすこしわかってくれたのでうれしかった。ほんとはぜんぶわかってほしかったです。もっとまたはなしたりわかってくれますか。**

（この年から真美ちゃんの担任になった吉田先生は、大変真美ちゃんのことを気遣ってくださるやさしい先生で、真美ちゃんも「吉田先生はいつも私のことを気遣ってくださいました」と感謝していたのです。）

7月11日　金曜日

おおなきをしました。さんすうおなじことばかりでいやになりました。けいさんやとけいまみもしたいです。もういいかげんにすすんでください。どうすればわかってもらえますか。おしえてください。

7月12日　土曜日

たのみます。まみのことしんじてください。みんなのことうらやましいです。びょうきはいりません　まみもたくさんべんきょうしたい。

7月17日　木曜日

すごくうれしかったことです。さんすうのたしざんにすすめたことうれしかったです。まだまだすすみたいのでかんばります。

9月5日　金曜日

みんなとおはなししたい。おはなしできたらどんなにたのしいだろう　たのしいとないたりおこったりしないですむのにまみはかなしい。

9月10日　水曜日

たくさんはなしをしたい。まみのかんじてることおもってることを、いいたいです。まみのことわかってください。

9月15日　月曜日

りっぱにするとたいへんだ。みたりきいたりしたことをおおきなこえでいったりかいたりがとくいではありません。だからくやしくてないたりおこったりします。

9月16日　火曜日

すこしだけわかったことがありました。わかっていることをしないとそんをする。まみはたくさんそんをしていたとおもった。

10月7日　火曜日

おかあさんがかんがえこんでしまいました。まみがみんなとちがってせんせいたちわかってもらうのがむずかしい。みんなはいいつけをまもっているときもまみはたくさんいいかげん。だからせんせいはこまっているのですね。わかってるけどできないまみがわるい。

10月8日　水曜日
おこられました。まみは、りっぱだいすきだけどできない。ごめんね◯◯せんせい。

11月9日　日曜日
みんなのいうことはわかるけどはなすことができないのでくやしいおもいをしています。でもおうちではわかってくれるのでいい。

11月26日　水曜日
わたしはいいつけをすこしもりっぱにまもるのはすごくむずかしい。ついついじぶんのやりたいことをしてしまうそれがまみのけってん。

12月5日　金曜日

みらいはどうなっているのだろう。うつくしいちきゅうだろうかふだんのこれからの生活できまるのにおんだんかのもんだいもままならないのは全て大人がわるい。（真美ちゃんは、この後もときどきこういう大それたことを書いたり話したりするのでした）

12月8日　月曜日

うれしいお話でこころがウキウキしてもうこうふんしほうだい。みんなといっしょにべんきょうするということはみんなとおなじところにいるのでみんなをびっくりさせることもできるのでたのしみ。

（この日から、四年一組で勉強するようになりました。）

12月20日　土曜日

おはなしをしたいです。みんなとはなしたい。でもはずかしいしはっきりことばがしてないからはずかしいです。はやくみんなとはなしたい。

1月17日　土曜日

ままにおこられるのはかなしいくらいなきたくなる。まみのためりっぱにしようといっしょうけんめい。でも、まみのこころのあくまがじゃまをする。てんしがしっかりみてない。わたしじしんがあくまをやっつけるようになりたい。

1月20日　火曜日

ながいじかんたくさんべんきょうしないとみんなにおいつけないのはたいへんだけどいろいろのことがわかるからたのしいです。のんびりはしていられません。

1月21日　水曜日

こんなにべんきょうをしたことがいままでなかったのでとてもつかれています。

1月30日　金曜日

みなちゃんいたいおもいをさせてしまってごめんなさい。まみもみんなといっしょになんでもしたいです。てをもたれたり、のけものあつかいになるのもまみはいやです。いつもみんなといっしょがいいです。おねがいゆるして。たいへんだけどりっぱにするのでみてて、力をかしてください。まみはきをつけるからおばかさんだとおもわないでおねがい。（親切に手を取って教えてくれようとした友達の腕をかみついてしまったときのものです。）

1月31日　土曜日
まみのことみんなにすこしずつでもわかってもらうとうれしいです。おこりたくなったり、ないたりしたくなるけどがまんすればみんなといれる。まみはこっちにいたい。

2月5日　木曜日
いっぱいどりょくして、みんなにやさしいきもちつたえなくてはいけません。これがかみさまがまみにあたえたしごと。

2月7日　土曜日
まみはどんなにがんばってもみんなみたいになれない。まみはだいたいはいや。ぜんぶみんなとおなじがいいです。

2月10日　火曜日

みんなとおなじにするには、たくさんつらいべんきょうをしないといけないのでつらい。

2月11日　水曜日

まみりっぱな人になりたい。まずじぶんをできるかぎりがまんできるようにする。

2月12日　木曜日

くるしいです。まみはいっぱいがんばってるつもりなのに、4の1でもわかくさ（特殊学級の名称）でもおきゃくさん。

2月13日　金曜日

まみはじぶんのきもちをこんとろーるするがまんがまだたりません。ごめんといっても、またしてしまう。はんせいまたはんせいなのでじぶんでもわかりませんが力をかしてください。

2月22日　日曜日

まみは、すこしつかれました。ほめられたりしたけどたくさんの人といっしょにしょくじをしたりするのはすごくつかれにいくようなものです。だってみんなにかならずたくさんあわせないといけないがまみはそれがむずかしい。

2月25日　水曜日

まみはまいにちがすごくはやくすぎてしまい、おおまかにしか一日のことをおぼえていません。ましてまみがおこってないた時はりっぱにしなくてはとばかりおもっているので、まみはもうりっぱにしかするしかないのでまみはがんばります。みててください。

2月26日　木曜日

まみは、じぶんのおもってることは、はっぴょうするといいんだ。ことばがはっきりしなくてもはなしていくことがたいせつなんだとおもいました。ますますがんばろうとする力がわきました。４の１はいいなとおもいます。

３月２日　月曜日
まみはとてもふあんです。みんなのようにがまんできるようになるのか。たいへんだけどがんばる。

３月３日　火曜日
みんなとたくさんあそべてたのしかった。かわいそうというきもちがないのがいい。おとなはかめんをかぶるからいやです。おともだちといるとあっというまにじかんがすぎる。

３月６日　金曜日
みてくればかりにとらわれるおとな。ただのちいさないきものなのに、ちょっとちがうこうどうをとったりするとへんな子のレッテルをはる。こせいをうしなうわたし。たえずどりょくはするもののこせいはうしないたくない。

3月8日　日曜日
おばあちゃんがちかごろ、すごくほめてくれる。おとなはいままでぜんぜんちがうたいどになる。ずるいとおもういまもむかしも同じまみなのに。

3月12日　木曜日
みんなとおなじきょうかしょがもらえてこんなにうれしいことはありません。まみは、もっともっとがんばってみんなをおどろかせたいです。

3月15日　日曜日
まみのことをみんなでしんぱいしてくれる。うれしいかぎりです。

3月16日　月曜日
さまざまなわかれがある三月。まみはだれとわかれるのだろうか。みんなとわかれないでいつまでもいっしょにいたい。

3月17日　火曜日

みんなまでキリがなくてもちかずくようになりたい。

3月18日　水曜日

たのしかった。まみもみんなと花かざりをつくりました。わかくさ（特殊学級の名称）では、すべてせんせいのいうとおりです。でも、4年は、一人一人じぶんでけいかくをたてます。せんせいはただみているだけ。きちんとするように努力します。やっぱりみんなといるとたのしい。

3月29日　日曜日

のんびりは、できません。ひとりになるとまみはこまったにんげんに　まみはほんとうにわからないでは　すませることができなくなりました。はやくひとりでできるさいのう、まみはほしい。

真美ちゃんの学習の変化

担当の先生方は半信半疑ではありながら、真美ちゃんの日記を真美ちゃんの声として耳を傾けるようになってきました。この年、特殊学級は、知的障害・情緒障害・肢体不自由の三クラスがあり、講師を含め四人の先生が担当していました。そして、子供の状態像に合わせ、国語や算数は一～三人を、障害の区別をはずして受け持っていました。

そして、真美ちゃんの希望通り真美ちゃんの個別指導を小川先生が担当することになりました。

小川先生はお母さんと相談しながら、真美ちゃんの希望も聞きながら、国語も算数も今までの学習にとらわれずにどんどん挑戦していきました。

「足し算はしっかりできる。数概念はかなり持っているらしい」の報告の後、繰り上がりの足し算も大丈夫、繰り下がりの引き算も大丈夫。二桁も三桁も大丈夫。そして、九九も全部覚えていて、二桁×二桁・三桁×三桁のかけ算ができるようになるまで四ヵ月とかからなかったのです。三学期に入ると三桁÷二桁のわり算に入っていました。九九は教えたことがないのに、どこで覚えたのか不思議でした。お母さんも不思議がってきっと二歳上のお姉ちゃんが二年生の時練習していたのを聞き覚えたのではないかということでした。

まるで、始めから分かっていたかのように学習はどんどん進むのでしたが、例えばかけ算にしても始めから三桁×三桁ができたわけではなく、徐々に解けるようになっていったのです。

小川先生とはどんどん学習が進んでいったのですが、その間他の先生が一緒に文字を書かせようと思ってもなかなか書いてくれないのでした。四年一組の担任と教務主任と私とでは文字を書くことができたのは、少し後になってからですが、その理由が分かりました。

「真美ちゃんどうして先生のえり好みをするの？　誰とでも勉強しようと思わないと真美ちゃんが損するのよ」と私が少し指導的な気持を込めて聞いたときのことです。

「えり好みをしているわけではありません。真美は、どの先生ともお勉強したいと思っているのです。でも、真美のことをできると思って応援のエネルギーを注入してくれる人でないと、エネルギーがもらえないのでできないのです。だって、私は自信がないからできないのです。」

これは驚くべき事実だと思います。本人ががんばろうとする気持を応援できるのは、その子のできる力を信じてあげることのできる応援の気持＝エネルギーなのだというのです。

ピグマリオン効果※は、教育の世界ではすでにあたりまえの概念になっていますが、真美ちゃんの言葉からすると、微妙に子供たちの教育効果を左右しているのは、私たち教師や親の信じる力だということになります。目に見え、聞こえる言葉は勿論のこと、信じる気持が学習のエネルギーになるとしたら、本当にもっともっと私たちは子供を信じる力を研《みが》かなければならないと思うのです。

その後、三学期には、四年生の学習がほぼできるようになりました。それで試み的に、真美ちゃんの念願だった普通学級の四年一組で小川先生の付き添いを受けながら、学習することになりました。

真美ちゃんは、学習で話を聞き、考えることはできるのですが、考えていることを発表したり、一人でノートをとったりすることはできません。表現がスムーズにできないとこんなにも持っている力を分かって上げることができないのかと改めて考えてしまうほど、真美ちゃんが理解していることを分かってあげることの難しさを感じました。

でも、真美ちゃんは自分が考えたり思ったりしたことを小川先生のプロンプト（手を添えるなどその子の気持に添った支援）を通して、随分書いて表現することができるようになりましたので、だんだん理解者が増えていきました。

※ピグマリオン効果　ギリシャ神話に、自分の彫った大理石の像に恋をし、日夜像に語りかけ、その心情をあわれんだアフロディーテの神が像に生命を与えてついに結婚することができたピグマリオン王子の話がある。ハーバード大学のローゼン教授が、教師が子供たちに抱いている期待が学習成績に影響することを実験で証明した。自分以外の人に対していろいろな期待を持って接する時、その期待通りになることをピグマリオン効果という。

奇蹟が起こった

実は小川先生は、講師の先生で、契約は三月で切れることになっていました。真美ちゃんが五年生になる新学期は、小川先生はいなくなってしまいます。真美ちゃんはそのことも分かっていたようで、二月の後半から悩むようになっていました。

3月9日　月曜日
おがわせんせいはまみのことほんとうにたいへんです。まみはたいへんだけどきたいにこたえたいと思います。

3月10日　火曜日
みしな先生（仮名）**ごめんなさい。泣いたのは、まみがかってにおがわ先生がてんにんしてしまうとかってにおもいこんでいたから、4じかんめおがわせんせいがこないのは、**

ますますそうなの。まみが一人でできるかどうかためしてるんだとおもったら泣けてしまいました。おがわせんせいはまみにとってほんとうにだいじな人なのでごめんなさい。

三月の初め頃、一時間目に教室を覗いてみるとまた真美ちゃんが荒れていました。次の時間は国語なので小さな部屋で個別指導です。私はその教室に真美ちゃんが移動するのに付いていき、そこで「今は何であんなに荒れていたの」と聞きました。そして、ノートに答えを書いてもらおうと真美ちゃんの手の甲に触れました。真美ちゃんはどんどん書いていきました。

「おがわせんせいをやめさせないで」

と書いたのです。私は、予想していない内容なのでびっくりしたのですが、お母さんや小川先生に、新学期のことを考えてしばしば落ち込んでいることを聞いていましたので、校長先生からお話をしていただくことにしました。校長先生は「真美ちゃん！　真美ちゃんが五年生になっても、お勉強するのに困らないような学校にするように校長先生もがんばるから、心配しないでくださいね」と言ってくださいました。まだ、その段階では、小川先生が次年度も残ることは大変難しかったのですが、とにかく真美ちゃんが困らないようにする学校体制だけは絶対につくるという思いは、校長先生もしっかりと持っていてくださいました。

真美ちゃんは、校長先生のお話の後随分落ち着いたのですが、新学期にどんな体制がつくれるかはまだ未知数でした。

しかし、奇蹟が起こったのです。児童が卒業と同時に閉鎖することになっていた肢体不自由学級に転入児ができて、学級が閉鎖されないことになったのです。それが決まったのは、人事異動がほぼ済んだ後の三月二十日過ぎでした。正規の教員の配置は済んでおり、講師で対応することになりました。そして、校長先生の働きのお蔭もあり、奇蹟的に小川先生が新年度も学校に残ることができるようになったのでした。

3月27日　金曜日

まみはこんなにめぐまれていいのだろうか。ほほをつねってたしかめたいくらいです。

居場所

真美ちゃんは居場所の不安定なことへの不安を、今までも何度も日記にも書いていました。そして、五年生の秋のある日、真美ちゃんが、校舎四階のテラスの柵を乗り越えて、狭いコンクリートの突出部に立っているのを、校庭に出ていた先生が見付けました。事なきを得てホッとしたものの、先生方は大パニックです。

真美ちゃんは、学校ではまだ私たち教師が理解できるような言葉で話すことができませんでしたので、どうしてあんな危険なことをしたのかを書いてもらいました。自分の意思どおりにうまく動いてくれない指先に力を込めて、みみずのはったような字ではありますが、的確な言葉で自分の気持を表現してくれました。

自分のパニックになった気持を表現できる自閉症児はめったにいませんので、自閉症の子供を理解してあげられる貴重な手紙です。

きょうとうせんせいへ
きょう、がっこうがきょだいなおりのようにかんじられました。人はたくさんいるけれどただとおりすぎるだけで、ひとりぼっち。へいの下にせんせいたちがみえたので、まみのことわかってほしかったの。いたずらとか、ふざけたのではありません。こわかったです。
りっぱになりたいのです。まみはどうすればいい子になれますか。ちゃんとするからどうしたらいいのかはっきりあいまいでなくおしえてください。
ごめんなさい。でもいばしょがないのもわかってください。

以下は私の真美ちゃんへの返事です。「文字を読むのではなく、魂で文を読んでいる」と感じられる子供なので、必ず分かってくれると信じて難しい言葉を使いすぎているとも思いましたが、思ったままに書きました。

真美ちゃんお手紙ありがとう。何度も読み返しました。真美ちゃんのあのときの気持が伝わってきて涙が出ました。

真美ちゃんが困惑することなく、気持良く学校で生活できるようにと考えているつもりなのに、なかなかそうできないでいることを悲しく、申し訳なく思います。

真美ちゃんは、神様にとても大きな人生のテーマを与えられて生を受けたのね。人間は誰でも人生のテーマを生きるように生命を与えられているのだと思います。人生のテーマは自分の魂を高めるためにあるのだと思うのです。

肉体と魂の関係は、馬と騎手の関係のようだと私は思っています。たやすく自分の肉体を乗りこなして、楽に人生を過ごしていけるように見える人もいるけれど、一生の間にどんな困難にも何の人生的な課題にもぶつからない人はいないのだと思います。

真美ちゃんの魂は、神様にみこまれて、子供のうちから自分の肉体や肉体にくっついている部分の心を他の人より乗りこなすのに大きな力を使わねばならない課題を与えられたのだと思います。

でも神様はその真美ちゃんの大きな課題を解決しやすくできるよう、すばらしいお父さん、お母さん、お姉ちゃんの下に生まれてくることができるようにしてくださったのだと私は感じています。

神様は絶対に解決できない人生の課題をお与えくださることはないのだから、真美ちゃんも大きな希望をもって生きてほしいと思います。

学校は、真美ちゃんからみると、ちっとも分かってくれないところのように見えるかもしれないけれど、どの先生も真美ちゃんにとっていいと思われる環境づくりをできるだけやってあげたいとの気持は持っています。また、できるだけ真美ちゃんの気持も分かってあげたいとも思っています。

今までのいきさつを考えると本当に申し訳なかったことがいっぱいですが、それをできるだけ挽回《ばんかい》しようと校長先生も私もがんばってきたつもりですし、教育委員会でも分かってくれて、今年も小川先生が学校にいられるように奇蹟とも思える措置をとってくれたのでした。

大人に話すような口調で書いてしまいましたが、真美ちゃんの魂は直感的に気持を理解してしまえるような力量をもっていることを感じていますので分かってくれると思って書いています。

真美ちゃんはもともといい子なのですよ。他人の心の機微や優しさや正しいことや美しいことを感じることができています。さっきも書いたように、乗りこなすのが難しい肉体を預けられているから表現するのが難しいだけなのだから、決してだめな子やばかな子や悪い子だなんて思ってはいけません。教頭先生は「真美ちゃんはいい子だ」と心から思っていますよ。

しかし、この世の中（社会や学校）でみんなが生活していくには、生活のルールというものがあるので、そのルールどおりにできないと、他の人に理解されないでしまうという現実があります。そのことを大事に思っている先生方が多く（そのこと自体は大事なことなので）真美ちゃんの気持を少しも分かって上げようとしないままに世の中のルールを真美ちゃんに押しつけようとするときに、真美ちゃんの気持と先生が口にする言葉や行為に齟齬《そご》（かみあわないこと）が起こってしまうのだと思います。またまたむずかしい言い方になってしまいましたが、真美ちゃんの質問にもどりましょう。

真美ちゃんに努力してほしいことを書きます。

（1） 先生やお友達に対してどうせ分かってくれないと思うのではなく、お母さんやお姉ちゃんにお話しするように学校でも話す努力をしてほしいのです。

赤ちゃんの言葉は言葉になっていなくても周りの人は何と言おうとしているか分かってくるものです。真美ちゃんはお母さんとあんなに話せるのだから学校でも話してくれたら少し時間はかかるかもしれないけれど、先生もお友達も必ず分かってくれるようになりますよ。

今日のお帰りの前に職員室に寄ってくれたでしょう。その時の「さようなら」はとてもとてもはっきり言えていたわよ。教頭先生は、後を向いてパソコンを打っていたので真美ちゃんが職員室に来たのに気付かずにいたのだけれど、優しい女の子らしい大きな声の「さよなら」が聞こえて真美ちゃんだと分かったの。
（2）先生方が「真美ちゃん○○しないで！」とか「真美ちゃん○○はだめよ」と言うことが多いけれど、その時「先生方に怒られた」と思わずに「生活のルールに従わなければならないことに気付かせてくれた」と思ってくれないかしら？　教師として虫のいい言い方だけど、真美ちゃんの気持をある程度分かって上げられる先生もそうでない先生も、真美ちゃんに生活のルールを教えてあげることはできるのです。先生方は「他人の物を黙ってさわってはいけない」とか「食物でない物を口に入れるのはきたない」とか咄嗟《とっさ》に思うので、咄嗟に注意するのです。先生方の注意を「気付かせてくれて、ありがとう」の気持になれたら真美ちゃんの味方が増えるのだと思うのだけれどなァー。
（3）人間は誰でも自分の中に神様がいます。心の中の神様の言うとおりに行動すると間違いのない行動がとれるのですが、真美ちゃんには、お手本になる素敵なお姉さんがいますね。真美ちゃんはきっとおうちで、お姉ちゃんのようになりたいと思ってお姉ちゃんの真似をしているのだろうと思います。

「まね」はまねぶ（まなぶ）のことで「学ぶ」の語源だと言われています。

学校でも、何かするときに「お姉ちゃんならどうするかな？」とちょっと考えてみてはどうかしら？「考えることはできても、その通りに行動できない」と思ってしまうようだけれど。

真美ちゃん！　あなたは、こんなにいろんなことにがんばって表現できるようになってきたのだから、あなたが「こうしたい」「こうやりたい」と思うように必ずできるようになるのよ。この世界は時間と空間の世界で私たちはその中で表現して生活していなければならないから、すぐにはできなくて時間のかかることは多いけれど、生活のルールを身につけていくことはその人なりの特性に合ったかたちで必ずできるようになるのです。

（4）真美ちゃんは三年生のときまでのことを思い出すと悲しい気分になるようですね。一年生に入ってきたときから、真美ちゃんの気持や特性をもっと分かってあげられる人が学校の中にいたらよかったのにと先生も後悔に似た気持になってしまうけれど、過去にやってあげることのできなかった学校の対応を許してください。
過去は過ぎ去ったものとして心から流してしまわなければ、人生は先に進まないのです。五年生の貴女に随分難しいことを要求しているようだけれど、真美ちゃんのために真美ちゃんの輝く未来のために過去は流して前を向いて、今を大事にして歩いてほしいのです。
（5）最後に、これはとても易しくてすぐにできることなので、今夜からでもぜひやってほしいことを書きます。イメージトレーニングであり、祈りです。
ベッドの上で寝る前に二十回となえてから寝てください。

私は、本当の私が大好きだ。
本当の私は、にせものの私の支配者だ。
本当の私の思ったとおりに私は動ける。

毎晩、二十回ずつ唱えてから眠りにつくと真美ちゃんの中にある潜在意識が働きだします。このことが、一番具体的に真美ちゃんに教えてあげられるいい子になる方法だと先生は信じています。
ずいぶん長い手紙になってしまいました。そして、本当に難しいことばかり書いてしまいました。でも、真美ちゃんは分かってくれる。そしてやってくれると信じることができるので書いたのです。
本当はずいぶん前から、真美ちゃんに話してあげたいと思っていたことばかりですが、真美ちゃんがお手紙をくれたおかげで書くことができました。ありがとう。
分からない言葉や文章はお母さんに聞いてね。また、先生に直接聞いてくれるのもうれしいです。
これを一気に読んだらかなり疲れたことでしょう。
でも、分からなかったら何度も読んでほしいと思います。
十月十五日
大塚美智子
真美ちゃんへ
次の日の真美ちゃんからの返事です。

まみは、おてがみをままによんでもらいました。

はたからみたら、とてもぎょうぎのわるい子だったので、みんなにりかいしてもらえなかったのですね。

ままにとなえる文を大きくかいてもらったので、こんやからさっそくとなえます。

たくさんおしえてくださいましてありがとうございました。

これからもいろいろおしえてください。

真美ちゃんは五年生の学習内容がほぼ分かりますので、普段は五年生と一緒に学習しています。しかし、表現の伴う学習はサポートが必要で小川先生が主にサポートに当たっていました。また、自己表現の拡大のために学芸会では特殊学級の子供たちの中で演じることにしていましたので、学芸会の練習時期に入って時間割りがかなり複雑になり、真美ちゃんが教室にいなくても不思議でない状況もありました。

実は、手紙をもらう前に真美ちゃんに「なぜ、四階のテラスの外に出るような危険なことをしたのか」と尋《たず》ねました。私一人の力で真美ちゃんの音声言語をしっかり分かって上げることはできませんので、真美ちゃんのお母さまに通訳していただきました。

その話によりますと、五時間目の授業の始まる前に真美ちゃんは五年生の授業で、小川先生は特殊学級での授業に当たることになっていましたので、サポートが得られないことを知っていました。

「五時間目、小川先生なしの音楽の時間では、また自分の表現できない事実をつきつけられたままの苦しい時間になってしまう。そう思うと教室に入る気にはなれずに、誰もいない特別教室を渡り歩いていた」と言うのです。その間も「とても淋しい気持になっていたが、休み時間になって子供たちがどうっと廊下に溢れてきたのに、だれも私の存在に気付いてくれようともしない。その時学校が巨大な檻《おり》のように感じられて、檻の外にいる先生方に助けてもらいたいと強烈に思った。そうしたら、テラスの柵を乗り越えてしまっていた」と言うのでした。

私は、そうだったのかと思いながらも「四階のテラスの外に出るような危険なことはもうしないと約束してね」と言いました。

その時、真美ちゃんは「分かりました、もうしません。でも独りぼっちはいやー」と言いました。しっかり言ってくれたのですが、お母さまが、「『でも』はだめでしょう。しっかりともうしませんと言いなさい」とおっしゃいました。そうしましたら、真美ちゃんは「もうしません。でも独りぼっちはいやー」とまた言ったのでした。

「居場所のなさに対する自己防衛のためなら、危険も顧《かえり》みないのだ」ということを、必死に訴えているのです。

自閉症の子供たち（世の中で起こる他の人の突飛に見えるような行為も同じような気持なのだと思いますが）の突拍子もないような行動の中にこんな気持があったのだと分かったことは、また少し深く人間を理解できたような気がしました。

自尊心

『自尊心』とは人格の核になるものだと思います。

真美ちゃんは、本当に私達教師に色々なことを気付かせてくれます。

十二月のある日、悲しそうに、恥ずかしそうに、やっとの思いで打ち明ける風にして、次のようなことを話してくれました。

「真美は、この学校のいろんな子にいろんなことを言われて傷ついています。言う人は真美は何も分からないと思っているけれど、真美は言われていることは皆分かっています。

でも、真美は反論できないから黙っていると、『変な子』とか『ばかな子』とか繰り返し繰り返し言われて、とてもとても傷つきます。

まえは、うんと悔しいときには、反論の代わりにかみついたりしたけれど、今はかみつくことはいけないことが分かったのでかみつかないようにしています。だから、反論できないと思っていくらでも言ってくるのです。

そんな子も、大人が近付いてくると、人が変わったように、悪口など言わなかった顔をしてしまいます。真美は、みんな悪魔の心を持っていると思います」と。

お母様や校長と相談して、三学期の始業式の後、私から全校児童に次のようなお話をしました。

今日は、少し難しいけれど、人間にとって一番大事とも思えることをお話しします。『自尊心』という言葉を知っていますか？（カナをふって「自尊心」と書いた大きな紙を見せました。六年生に三人ほど手が上がりましたがほとんどの子は知らないという顔をしていました）。言葉は知らなくても、ここにいる誰もがしっかりともっている心です。自尊心とはプライドともいいます。（プライドなら知っているの声があがる）うぬぼれと間違える人もいますが、うぬぼれのことではありません。似ているようにみえるけれど、まるっきり違います。今話す自尊心は、誰もがもっている一番大事な心のことです。

私たちは、みなこの自尊心をもって生きています。生まれたばかりの赤ちゃんのときには、自分という意識がまだありませんので、自尊心がまるでないかのように、ただあどけなくふるまっています。しかし、人間は三歳くらいになると、かなり自分と他人や周りのこととの区別がついてきますので、自分でも自尊心の存在に気づき始めます。

ここにいる皆は、もう六歳以上なので、自尊心が自分の中にあることを感じることができている人ばかりだと思います。

この自尊心を誰もが最も大事に思っているのですが、普段はあまり気づかないかも知れません。しかし、自尊心が侵されそうになりますと、誰もがとっさに夢中でそれを守ろうとします。

例えば、これから勉強しようと思っているときにお母さんに「勉強しなさい！」などと言われるとむかっときますが、これなどは自尊心が侵された気持になるからです。また、お友達に「ばか！」とか「変な子」とか「でぶ」とか「やせ」とか「頭悪い」とか言われたりしても、むかっときたり、悲しくなったりします。それは、みな自分の中にある自尊心が侵されたような気分になるからです。

そして、大抵の人は、自分の自尊心を守るため、「バカ」と言い返したり、たたいたり、けとばしたり、大声で怒ったりします。

ところが、中にはそんな風に怒ったり反論しない人、又、できない人もいます。

本当に反論しない人は、そんな言葉では自尊心が傷つけられない人です。しかし、反論することによって、もっと自尊心が傷つけられることが分かっていたり、反論できない立場に置かれている人は反論できないのです。

先生は、今自分の自尊心が傷ついて、痛くて悲しくて反論したくてたまらないのにできないでいるお友達の気持を、その子のかわりにお話ししたいと思いました。

先生に自分の悲しい心の内を打ち明けてくれたのは、わかくさの五年生の真美さんです。

真美さんは、先生やお友達が話したり、思ったり感じていることは皆分かっているのに、自分が思ったり感じていることを、人が分かるようにお話ししたり、行動で表現したりすることができません。それでみんなに大変誤解され続けてきています。

しかし、十二月に教頭先生に「とてもはずかしいことで言いたくはないのだけれど、言わずにはいられないので聞いてください」と言って次のようなことを打ち明けてくれました。（前述しているので省略）

先生は、真美ちゃんの訴えは真美ちゃんのように心の中では思っていても表現できないでいる他のお友達皆の訴えだと思って聞きました。そして、これは学校中のお友達に是非とも知らせて分かってもらわなければならないことだとも思いました。

この中に、真美ちゃんの心をこんなに傷つけていた人がいると思うのは悲しいのだけれど、今からでいいので気づいてほしいのです。

たまたま真美ちゃんは、教頭先生に打ち明けてくれることができたので、真美ちゃんの悲しみを分かって上げることができたのですが、ひょっとしたら、この中で真美ちゃん以外にも似たような悲しみを味わっているお友達がいるかもしれません。

私たちは、自分の自尊心は傷つけられるとすぐに分かるのだけれど、人の自尊心を傷つけていることには気付かずにいることが多いものです。

「自尊心を傷つけないようにしようね」ということを別の言葉にすると、「自分がいやなことはお友達にもしない」とか「おもいやりの心をもつ」とか「人の痛みを分かってあげる」とか「いじわるをしない」とかです。

私たちは、自分がしている悪魔の行為を気付かずにいることはとてもおそろしいことです。「どうせこの子は分からないのだから、反論できないのだから何を言ってもいい」のではありません。誰もが傷をつけられたくない自尊心をもっているのです。

自分にも自尊心があるなと思った人？（ほとんどの児童の手があがりました）

今日の先生の話で、もし分からないことがあったら、担任の先生に聞いてください。

そして、この学校から自尊心を傷つけるような言葉や行いを追放したいと思います。

目に見えないものに心をいたすことに慣れていない子供たちの行動が気になることが多く、いじめにもつながっているのでしょうが、目に見えないものに気付かせる努力をしていきたいものだと思います。

自閉症そのままで素晴らしい

真美ちゃんのことを書くのは、この子が感性や情緒が豊かに育っていたり、天才的と思える理解力や判断力を見せてくれるという、自閉症の天才児だからではありません。天才的な姿を見せてくれているので、結果的には、私のようなものでも真美ちゃんの気持を分かって上げられるようになったことは事実です。しかし、今私たち現代人にとっては、「人間はどんな姿に現れていようとも、人格は、人間の本性の素晴らしさを潜在的にもっているのだ」ということを本当に分かることが重要なのだと心から思うからです。

頭では分かっていても、なかなか全ての人の人格の尊厳を心から感じることができないでいるのが、私達凡人です。そんな私たちに、「自分を表現できなくても、何も分からないように見えても、人格的部分では、全てを分かることができて、ぴかぴかに磨かれた人格、自尊心を持っているのだよ」と訴え、教えてくれているのが真美ちゃんなのです。

真美ちゃんは、どんな話も聞いて解り、それに対してよく考え、自分の考えを自分の言葉で表現する力をもっているのですが、音声言語として誰にでも解るように話すことができません。ゆっくり大きな声で話すとき、時に友達の耳にも分かるような発音になることはあるのですが、普通は全ての言葉があまりはっきりしない五つの母音にすべて置きかえたように話しますので、二語文以上になりますと、なかなか分かって上げることが難しくなってしまいます。しかし、真美ちゃんの発する全ての言葉を理解して上げることのできる人がいます。それは、お母さんです。

真美ちゃんのお母さんは、真美ちゃんが自閉症という障害のある子供だと分かった時「お姉ちゃんと同じように普通に育てていこう」と思ったそうです。そして、言葉らしい言葉はなくても、普通に言葉を掛け、心を通わすことをしてきましたので、コミュニケーションがとれないと思ったことはなく、障害はあっても豊かに思い、感じて生活していると感じてきました。前述しましたように、五歳七カ月の時から音声言語としての言葉があった真美ちゃんでしたが、しかし実際に、音声言語として彼女の言葉を理解できるようになったのは、二年生の頃からだったそうです。小学校に入学してから毎日の生活を日記という形に留めることが、言葉の発達・文字指導に有効だという先輩のお母さんたちのアドバイスに添って、まず手をもってお母さんの言葉で真美ちゃんの生活を書き綴《つづ》ることを始めたそうです。

そのうちに、真美ちゃんが自分の言葉を文字にできるようになり、その言葉を音声化するのを聞き分けているうちに、真美ちゃんの言葉を理解できるようになったのだそうです。

障害児のお母さんたちと話をしていて時につらくなるのは、何かができるようになったことを喜ぶのは素晴らしいことなのですが、子供たちを何ができるかでのみ見てしまい、まるで、健常の子供たちが学歴を競うのと同じ感覚をもっていると感じてしまうことがあることです。

何かができるようになることは、本当に素晴らしいことではあるのですが、それをできたという結果だけの外から見える価値だけで見てしまいますと、できる、できないレベルの虚しいものになってしまいます。できれば、自己の隠れた力を耕し発揮する力を価値あるものと感じていきたいと思うのです。

真美ちゃんの素晴らしい力も、真美ちゃんの表現の結果としての力を讃えるのではなく、人間に内在する可能性の素晴らしさを表現する生き方として讃え、その生き方を一緒に分かち合いたいと思うのです。

今、学校で、真美ちゃんの内在力を認め引き出してくれているのは、授業を担当している先生方です。しかし、今までの自閉症の子供たちの事例を参考にするだけでは分からないことが多すぎますので、どのような指導体制でどのような内容で指導に当たるのが望ましいのか分からなくなるのでした。

五年生の十一月の始めの学芸会も終わった頃、これからの指導について微調整の必要を感じましたので、担当の先生方と私とで、お母さんにも相談にのっていただくことにしました。

特殊教育においては、通常の教育課程によらず特別な教育課程の必要な児童生徒には個別指導計画を立てることが望ましいとされていますが、その時保護者の意向を十分に聞くことが大変重要です。アメリカでは、個別指導計画を立てるときには、本人の意見も聞くようになっているのですが、これまで自閉症の子供たちの個別指導計画に本人の意見を聞くことができるとは思っていませんでした。

しかしその時、真美ちゃんもその場にいましたので、「今学校で一番やりたいと思っていることは何?」と何気なく聞いてみました。

具体的な学習活動が返ってくるものと予想しての質問だったのですが、真美ちゃんの答えは意外にも「教科書の勉強だけではなく、生きている人間の感じ方や考え方を勉強したいです」と言うのでした。

「それは、難しい言葉になるけれど、哲学とか倫理とか宗教とかいうようなことをさしているの?」と聞きますと、「そうです。お話を聞いたり、真美の考えを聞いてもらいたいのです」と言うのです。それで、「それを誰と勉強したいの?」と聞きますと「私の言葉を理解してくれようとしている人なら誰でもいいです」と言うのでした。

それで「教頭先生とでもいいですか? 先生はまだ真美ちゃんの言葉を直接分かって上げることはできないけれど、お母さんの通訳をお願いしてならできそう」と言うと、「お願いします」と言いますので、週に二時間、真美ちゃんとの学習が始まりました。

真美ちゃんとの交流

真美ちゃんとの学習は、お母さんにも入っていただき、真美ちゃんのお話を同時通訳のようにしていただくことにしましたその中で、私自身が考えさせられることがたくさんありました。始めの頃、テキストがあった方がいいと思いましたので、『マザー・テレサ——愛と祈りのことば』(PHP研究所刊)という語録集を読むことにしました。第一章「聖なる人となること」を読み始めますとすぐ、

「真美は、権力や知識やお金を大切にする人は好きではありません。そういう人は聖なる人ではありません」

と言うのです。私は、始めから難しい章で説明が必要と思っていたのですが、そんな必要のないことが始めから分かったのです。特に私は真美ちゃんが、「知識」をあげたのには驚いてしまいました。

また、次のページを読みますと、「政治家は自分の傲慢《ごうまん》さを表に出していると思う」などと言います。「傲慢って?」とききますと「私利私欲で生活しているように見える」というのです。

祈りに関しては、「どこにいても祈ることはできます。本当の祈りは誰かのために祈ることで、自分のためじゃない」と言うので「祈りは自分のために祈ってもいいのよ。自分のための祈りは、自覚することでもあるの。真美ちゃんは、自分は肉体の奴隷ではなく支配者であることをもっと祈ってよ」と言いますと「それは、理想です。真美は祈っているけど少しずつしかできません。祈りはみんなに幸せを連れてくると思います。真美は気持が落ち着くようにがんばって祈る。真美はいい子になりますようにと祈る。お祈りすると、私達の言葉の一つ一つが神様の心をゆさぶる。」と言うのでした。小学生と話しているのではなく、真理を求める友と話している感じです。

真美ちゃんの『愛と祈りのことば』の読後感想文です。

《貧しい人を愛しなさい。貧しい人ってどんな人だろう。真美はまず考えた。お金のない人、心の貧しい人、障害を持ってる人、等たくさんいます。真美が障害を持っているから、貧しい人、弱い人ときくと障害を持っている人を考えてしまいますが、ここでは、お金の無い人を取り上げています。

お金が無い人は、生活が苦しくて病気を治すにもこと欠いているのに、隣の人の心配までして、僅かなものを分けるという、優しい気持を持っています。でも、人のなかには、お金も地位も名誉もあるのに、自分のことしか考えないものだと思っている人もたくさんいるのもじじつ。マザーは、そういう事を聖書の言葉を使って書いています。

真美は、この本に書かれていることはもっともだと思いました。でも現実はもっとシビアで、まだまだマザーのいっている事を実行している人は少ないと思います。だから、世の中が殺伐としているのではないでしょうか。一人一人が向かい合って思いやりをもてば、きっと住みよい世の中に成るのにと思いました。思いやりを持つって簡単そうだけど、気持を入れないと出来ないこと。まして口で言ってるだけでは、相手には響かない。もっと、みんなが心にちょっとずつ思う気持をもてば、変わっていくかもしれません。》

肉体の劣性や障害を超えて

真美ちゃんは、〝肉体人間の本能・動物感覚の心理・真の人間の価値観〟の三次元の世界を一緒にもって生活しているように感じさせてくれる子です。彼女の行動を見ていて彼女の中に混在している三つの次元を感じ始めた頃、その感覚を表現する適切な言葉が見つかりませんでした。彼女は私たち人間が持っている三つの次元の感覚をクローズアップしたようにはっきりと見せてくれているとは思ったのですが、今まで人格を考えるときにはっきりと意識して考えたことの無い感覚でした。

〝肉体人間の本能・動物感覚の心理・真の人間の価値観〟という言葉を『現代に生きる古事記の心』(山形大学教授　小川耕古編)78頁に見付けたとき、これは真美ちゃんの特性を説明するのにぴったりだと思いました。

《現象的人間は「肉体人間の本能・動物感覚の心理・真の人間の価値観」の三次元をもっている。肉体的優劣や障害の有無は素材であるから、人間の価値には関わりがない。従って、

現実には「自分に肉体の劣性や障害があるからこそ」偉大な生き方をしている人は多い》

この言葉から連想できる生き方をした方々を何人か思い出すことができます。

だれでも知っている最近の方をあげますと星野富弘さんがいます。星野さんは、群馬県で中学校の体育の教師をしていましたが、クラブ活動の指導中の事故で頸髄損傷を起こし手足の自由を全く失ってしまいました。二十四歳のことでした。

二十六歳の時、口に筆をくわえて文字を書き始め、二年後には手紙の隅に花の絵を描くとも始めました。首の動きで運転する電動車椅子に乗れるようになり、三十五歳で結婚もしました。その後、たくさんの詩と花の絵を描き、私達誰もが心の奥にもっている想いを言葉にした詩画集や随筆を出版して、感動を与えています。星野さんはどのようにして、詩や画を仕上げるのかを次のように書いています。

《私が一つの作品を仕上げるのに、だいたい十日から十五日はかかります。一日にどんな無理をしても二時間くらいしか筆をくわえられません。また筆に付ける絵の具や水の量などを、私が細かく指示して、妻がそれを何度も別の紙に塗り、私に見せながら色を作るという、まことに気の長いやり方で描いています。

こんなことができるのも、決して私達二人だけの力だけではありません。妻が教会に出掛けたり忙しい時は、母が代わりをしてくれます。弟夫婦や妹夫婦も陰で助けてくれています。そういう恵まれた中で、午前中絵と詩を描き、午後口述筆記してできあがったのがこの『鈴の鳴る道』です》（『鈴の鳴る道』偕成社刊「あとがき」より）

『五体不満足』の乙武洋匡《おとたけひろただ》さんの生き方も自然です。

《両親は、ボクが障害者として生まれてきたことで、嘆き悲しむこともなかったし、どんな子を育てるにしても苦労はつきものと、意に介さない様子だった。何よりボク自身が毎日の生活を楽しんでいる。多くの友人に囲まれ、車椅子とともに飛び歩く今の生活になに一つ不満はない》

と同書あとがきで言っています。

真美ちゃんは、この乙武君に対して、

《素晴らしい自然な生き方をしていると思います。しかし真美とは違って見えます。この人は知的障害がない。この人は人の間でも平気でいられます。でも、真美は苦手。

だけど真美は五体満足。真美は一見正常。だけど付き合ってみて変に思われます。真美はあまり同情がもらえない。勿論もらおうとも思わないけど。だから他人は、（真美のこと

を）違って見るのです》

知的な障害や人間関係がうまくできない障害は目に見えません。確かに私達は、目に見えることに対しては理解しやすいのですが、目に見えないことに対しては理解がなかなか届きません。

「肉体的優劣や障害の有無は、人間が人生を生きるときの素材であるから、人間の価値には関わりがない」ということを、五体の障害でない知的障害やコミュニケーション障害のある方々に対しても本当の理解をもちたいとの思いは私自身の命題とも言えます。真美ちゃんは、そんな私に答えを示そうとしてくれています。真美ちゃんのような障害のある子供たちの尊厳、人間の価値について、もっともっと理解を深めたいと思うのです。

自覚を育てる

その真美ちゃんは、別の時にこんなことも言いました。

「五年生の授業は聞いているだけで書かなければ大丈夫です」

「書く努力もしてほしいな。真美ちゃんが考えたことを授業で分かって上げることのできる一番の手段だから」

「はい、書く練習もします」

「真美ちゃんは、神様に操縦の難しい肉体を与えられて大変かもしれないけど頑張ってほしいと思うの」

「真美は難しくないです。(真美の力を)開拓してくれる人がいるから楽しい」

「そうね。頑張っただけの力が出てきているわね。真美ちゃんは周囲の人に合わせて行動したり、お話ししようとしたり、自分をコントロールする力が出てきたわね。もっともっと自分をコントロールする力を強くしていこうね」

「それは、学芸会の練習で感じました。だから（先生の言うことは）分かるけど（コントロールすることがなかなか難しくて）つらいです」

真美ちゃんは、五年生の学芸会の練習過程を通して、周囲と一緒の行動をとること、自分の表現のタイミングをとること、緊張の中でオルガンを弾くなど自分をコントロールする力を育てることができました。

真美ちゃんの〝肉体人間の本能〟は、丸裸に見えることがありました。その部分だけで彼女を見ますと、三歳くらいに見えてしまいます。例えば、そこに誰かの飲みかけのお茶があると思わず飲んでしまうような行為があったのです。また、彼女の行動の中に、意識せずに常時声を出したり、手をひらひらかざしてながめるなど、通常の発達では子供たちがすぐに通過してしまう快感や安定の感覚が五年生の今も残っていることも、更に彼女の行為を受容されにくくしてしまいます。

私達は、乳幼児段階から肉体本能のコントロールについては、人間社会のルールとしてしつけられてきました。これができると人間として上等と思われているふしもあり、欲望を丸出しにすることは、人間の尊厳をいやしめているようにも思われてきました。そして、まずこの部分だけで人間を判断し、ここができなければ人間としては、駄目なように思われているようなところがあります。

しかし、真美ちゃんを見ていると、人間は〝真の人間的価値観〟をもって、自分の生き方を考え、友達の心理的・精神的な問題なども解こうと考えることができるにもかかわらず、その価値観をもった主体が〝肉体人間の本能〟や〝動物感覚の心理〟をうまくコントロールできないことがあるのだと思われてきます。

さらに、私自身も同じなのだと三つの次元に住んでいる自分が見えてきてもいます。私自身も常に、自分の肉体や心をコントロールできない面をもっているからです。しかし、〝真の人間的価値観〟を生きたいとの強い自覚に支えられて、何とか生きていられるような気がしています。

人は誰でも無意識に自分にとっての利害損得を考えてしまうところがあります。それは、〝動物感覚の心理〟です。しかし、同時に「お役に立ちたい」という〝真の人間的価値観〟をもしっかりと持っています。

人間が三つの次元のどの自分を表現しやすくしていくかは、自覚との関係が大きいのだと思われます。そして、教育は全く、この自覚を育てることに他ならないのだと思います。

自閉症だからコントロールできないのではなく、コントロールできにくい肉体をもっているだけなのだから、〝真の人間的価値観〟を生きたいとの自覚を高めながら肉体や心をコントロールするとき、より人間としての価値の高い生き方ができるのだと、何となく納得できそうです。

その意味でも彼女のことを語ることは、人間の素晴らしさと性《さが》を見つめることになると思います。彼女は「私のように障害のある人のお役に立ちたいので、そのためだったら私のことを紹介してください」と言ってくれました。

過去の叱責にも縛られる

真美ちゃんは、「自信がないの。だから力が出てこないの」とよく言います。

四年生の一学期ごろまでは、学校ではなぞり書きさえもできないと先生方に思われていましたので、二学期に入ってプロンプト（手を添えるなどその子の気持に添った支援）はあったものの文字が書けるようになってきますと、すべての先生や友達が文字を書くこと自体を心から喜びの気持で讃め、たたえてくれるようになりました。それで、どんどん自信がつき、五年生になると、プロンプトの人にも方法にも広がりが出て、思ったことをかなりスムーズに書いて表現できるようにもなってきました。

しかし、日常的に書けるようになってきますと、周りの者（先生も友達も）は、次の段階を要求してきます。早く書くこと、きれいに書くこと、間違わずに書くことなどが自然にみんなの要求になって、今まで書くこと自体を心からほめていた気持などすっかり忘れ去ってしまったのです。

真美ちゃんが五年生の一学期の終わり頃、なかなか文字を書けない状態が現れたときに、私たち教師は、初心を忘れていたことを思い出し、話し合って、あたりまえに今できていると思われることを積極的に言葉で認めること、できないことや遅いことを責めたり怒ったりしないことを申し合わせました。そして、それはかなり成功したかに見え、また書くことや話そうとすることも多くなってきました。

しかし、また三学期には全く書けない状態が続いてしまいました。

主任の先生が、「どうして学校で字を書こうとしないの？　書きたくない理由があるの？」と真美ちゃんの気持を尋ねる手紙を書いてくれました。次はその返事の手紙です。一部分かりやすいように改行と『』をしましたが、漢字や言葉はそのまま、真美ちゃんがワープロで書いたものです。真美ちゃんは書くのに時間がかかりますので、何とか授業に追い付ける速さで書くことができないものかと、五年生の途中からワープロを導入してみました。まだスピードがあるとはいえませんが、一ヵ月くらいの間にローマ字入力でこのような文が書けるようになってきていました。

《先生、いつもお手紙すみません。心配ありがとう。私は、書きたくないのではありません。

まして、馬鹿にしているわけではありません。私が書くとすぐ、『なに書いているのか分からない』とか、話をすると『分からない』とか言われる。そうしているうちに、家でやればお母さんが分かってくれるからしかられないとおもうようになりました。

私は、すべてに自信がありません。だからはじめての先生やあまり書くことをいっしょにしたことのない人には、私はいいところを見せれないので、できない私でいました。

本当に、書く、話すには自信がありません。

あるはずがありません。いつもまちがうと怒られているし、『わからない！　だれもそんなんじゃわからない！』といわれるとまったく自信がないのが、ますますなくなってしまいます。

でも、すべて出来ない私が悪いので特訓をしています。少し一人でかける字が増えているので、ひらがなは板書します。真美は約束します。1／28」

ここに、私達教師や親が心しなければならない真実が隠されているのだと思います。

実はこの返事が書かれた頃には、直接真美ちゃんの指導に当たっている先生方は、『そんなんじゃわからない』とか『間違わずに』とか怒る教師はほとんどいなくなっていたはずでした。叱ったり、怒ったりしても自信をなくするだけで、指導にはならないのだと分かっていましたので、少なくとも真美ちゃんが言うほど露骨に怒ることはなくなっていたはずなのです。それで、これを読んだ先生方は、「変だな、誰もこんな叱り方をしなくなっているのに、真美ちゃんはいつも同じようなことばかりを言うだけで本当のことを言おうとしてくれない」と思ってしまい、真美ちゃんの真剣な訴えを正面から受け止めることができずにいました。

それで、私は真美ちゃんに直接尋《たず》ねてみました。

「真美ちゃんのお手紙読んで、真美ちゃんの気持はよく分かるのだけど、この頃、先生方で、『そんなんじゃわからない』とか『間違わないで』とか怒る先生いないじゃない?」

すると、なんと「そうです。この頃先生方は怒らなくなりました。でも、前に先生方が怒ったと同じような場面はときどきあります。そんなとき、怒られなくても怒られた状態が思い出されてきて、自信が持てなくなってしまい、体が動かなくなるのです」と言うのです。ここまでは、私も洞察《どうさつ》できないことでした。

自閉症の子供たちと生活していて、よく、「どうして突然こんな行動をとるのだろう?」と突然の行動を理解してあげられないことがありました。

真美ちゃんに、「私たちは現在を生きながら、過去をも一緒に生きている」と言うことを改めて認識させられました。これを知っただけで、自閉症は不可解な行動を持つなどと言えなくなります。過去に経験した心理状態が、今の咄嗟《とっさ》の行動をつくっていくのです。

「できないことを否定する指導ではなく、『できていること・できそうなこと・人間の価値観が現れていること・現れそうなこと』をただただ、讃め・認めることによってしか自信や自覚が深まっていく指導はないのだ」とまた深く思わされるのでした。

自信喪失の子供に対して

「ほめる・認める」ということを、もう一度考えてみたいと思います。

私達は、自分がどんな存在なのかを自分で知ることによって、自分らしく生きることができるわけで、常に無意識的に自分探しをしています。

生まれたばかりの赤ちゃんは、泣くことによって反応してくれる母親や周囲の人の受容の気持やお世話に、自分が「愛されている」ことを感じ、自分の存在を確認していきます。

この愛されているという感情が、この世に生を享《う》け、肉体をもった人間として生活していく人格の基礎となっているような気がします。

この子には何か欠けていると親が感じるとき、子は乳幼児期に感じるはずの「愛されている」という親への信頼の感情が育っていかなかったりして、現在も子は不安に思っていることが多いものなのです。まだ小さいから分からないではなく、人格は胎児《たいじ》・乳児であっても、障害のある子供であっても、もっている心（感受力）は同じなのだと思われます。何かができるということも、自信をつけていく大事な要素ではありますが、まず、「この世に生まれてきているだけで、尊いのだ。価値があるのだ」ということを子が実感できることが何より大切で、そのことを感じさせてくれるのは、まず親の存在です。そして、教師もその役目の一端を担うことができると思います。

《あなたが生まれて来たことが
ただ　ありがたく　うれしくて、
ママはネ
あなたが好きでたまらない》

（「わが子よありがとう」東京学芸大学名誉教授・故鹿沼景揚作詞）の思いです。

そして、これは乳幼児期だけではなく、その人の一生を通して、「あなたが生まれてきたことが、ただありがたく嬉しくて……」と思ってくれる存在のあることが幸せです。

順調に進んでいるときには、この世に生を享けていることを嬉しく有難く思えて、自分の存在を自分自身が自分一人の力で認めることができているのですが、大きく挫折したときとか、悲嘆にくれている時には、父母や家族、友人等の支えが力になります。このことは、お年寄りも同じだと思います。人間は、

愛されている
ほめられている
認められている
お役に立っている
自由で（主体的、創造的で）ありたい
など確信をもって自分のことを認めることができますと、自信を持って生きていけるものです。
しかし、自信や自覚を持てないでいる人（子供）にとっては、まず、周りの者（親や教師）が、ほめて認めていかねばなりません。
自信を失っている子は、自分ができることを好んで行なうことで、心を安定させています。安定した場所に身を置くことで自分を守っているのです。決して新しいことや他の友達が行なっていることをやりたくないわけではないのに、難しそうだと思うと、前に進めなくなってしまい、逃げたり抵抗したりしてしまうことになるのです。
真美ちゃんの場合もはっきりとこのことが見て取れて、わがままに見えたり、教師に反抗しているように見えたりしてしまうことがあるのでした。先に、真美ちゃんは、過去にしかられたり、ばかにされたりした状況と似た場面に会うと、その思いがよみがえってきて自信がなくなり、できなくなると言っていましたが、教師や親にとっての警告だと思わされます。

勿論、できないことを叱ってできるようになる場面がないわけではありません。手段としての「ほめる・叱る」のレベルでは、子供の特性や状況によって全く異なった結果が現われます。子供によっては、叱ったことによって奮起したり、やる気が出たりすることはあるのです。でもそれは、自信がすでにある子供の場合です。自信がぐらついている子には、自分でしっかりと立つことができる自信が育つまでは、しっかりと支えてあげ、今できているることをそれでいいのだとほめ、スモールステップで関わることにより、「わたしにもできる」という喜びを持たせ、次への意欲につなげていくことが、何より必要になります。一つ一つ自信をつけていく中で、本来的な自分を回復させていくのです。

また、怒られたり注意されたりしたとき、自分を全て否定されてしまったような気持になってしまうことがあります。その時、叱ったり注意した人と子供との間がつながっているかどうかが大事です。つながっていれば、子供は何らかの行動を親なり教師なりに起こすもので、そのとき、子供の心に沿って「あなたが○○したことを怒ったんだよ。あなたのこと大好きだからよ」と言ってあげることができます。そのことにより、子供との信頼関係がますます深まります。

真美ちゃんの指導の中で、我々教師たちは、〈自分を律する力・自己コントロールできる力〉を育てようとしてきました。障害のない子供たちは、普通家庭生活の中で、学校生活や友達との遊びの中で、自然に自律努力を身に付けていくような気がします。

真美ちゃんと生活しているうちに、これは大変なこと、本当にすばらしいことなのだと思えてきました。社会生活をしていく上で必要な自分を律する力を学んでいくことは、私達大人が、自分の性格を変えるぐらいに難しいことなのだと思えます。少しぐらいの努力では、自分の性格を変えることはできません。私自身どれだけの努力をしているだろうか？　そう考えたら真美ちゃんの自律に向けての努力が本当に素晴らしいものに思えてきました。

そして、真美ちゃんがなかなかできないでいる、静かにしている場所で声を出さないとか、チャイムが鳴ったら真っすぐ教室に向かうとか、一所懸命努力しているのに、なかなか教師が望んでいるようにはできないことも、「どうしてできないの？」「もっと努力しなくちゃ駄目でしょう！」ではなく、「三分間も声を出さないでいられたね」とか「今日はチャイムと同時にブランコ下りられたね」とか、ほめながら・認めながら指導していくことこそ重要なのだとまた強く思うのです。

受容されているとの思いが受容する心を育てる

五年生の二学期のことでした。『マザー・テレサ――愛と祈りのことば』の「貧しい人々の中にいるキリスト」の章を一緒に読んでいたときのことでした。

真美ちゃんは、「お金持ちは、いけないことをしても、自分たちの権力で全部闇に葬《ほうむ》ってしまいます。でも、貧しい人は一生懸命。マザーの言う貧しい人の中に、真美たち障害のある者たちも入ると思います。真美たちはいつも貧しい人。貧しい人はいつも置き去りです」と言って大泣きをしてしまいました。

それで、「確かにそうかもしれないけれど、全部が全部そうかな？　例えば特殊学級は、障害のある子供たちを置き去りにしないためにつくられたのよ。少なくても先生はそう思って努力してきたつもりだけれど」と言いますと、「すごく驚きました。真美は、特殊学級って差別するためにあると思っていました」と言うのでした。頭をなぐられたような衝撃でした。

障害のある子供たちを置き去りにしたくないとの思いで、特殊教育にかかわってきたつもりだったのに、当事者の子供が差別されていると感じ、差別のためにあると感じていたとは……。

その頃真美ちゃんは「特殊学級には、夢や希望がない」とか「真美は、特殊学級にいくと混乱する」などとも言っていました。通常の学級の子供たちとの中で、学習するようになって一年近くたっていた頃でしたので、自分を含めた障害のある子供たちのことを否定的に見てしまっているのかなとも危ぶまれて、彼女の感性の豊かさを信じて待ってみようと思ったりしていました。

それからしばらくたった、六年生の夏休みに次のような作文を書いてきました。

《わたしの願い

自閉症って知っていますか。たぶん何人かの方は知っていることと思います。私も自閉症児と言われて今日まできました。

小学校に入学した時から、言葉がないし落ち着きも無く何時もチョロチョロしていたので、何も出来ない子と思われていました。出来ない子と思われていると本当に赤ちゃんのような生活しかできなくて学校に来てるって感じがしませんでした。

でも、何時《いつ》も周りの人たちが何を言っているのかは分かっていました。でも、自分は分かっているのだということを誰にどういう風に伝えたらいいのか、分からなかったのです。「勉強や遊びを同じ学年の人たちといっしょにしたい。」と何時も思っていました。こんな生活が四年生まで続きました。でも、四年生の時、一人の先生が母の話を信じてくれたのがきっかけとなり生活は一変しました。私の願いを学校の先生達に分かってもらい、みんなと一緒にいられるようになったのが、四年生の十二月からでした。同じ年の人達と机を並べて勉強が出来るようになったのです。

最初はみんなが親切でした。それはみんなの同情と興味が大半であったように思います。でも、二年を過ぎるとみんなが違ってきました。ずっと前からいたみたいに怒ってくれたり、遠慮のない人たちになってくれたのです。それは、仲間として見ようとしてる現れの一つだと思うのです。

そんな時の修学旅行は楽しかったです。だって皆とずっといっしょにいられたし、同じ時間を共有出来たのですから。

学校では感じない、いろいろなことをお互いが体験できたいい機会だと思いました。私が団体行動の苦手なことをグループの人達が知っていてくれたので、不安にならないように手を繋《つな》いでくれたり、要所要所で声をかけてもくれました。

ホテルでの面白かった枕投げ。だれも「さあ枕投げをしましょう。」と言った訳でないのに、知らず知らずのうちに部屋の中あっちこっちと枕が飛ぶようになり、しまいにはみんなで投げっこをしていました。夢中で投げてたので、先生がドアを開けて一人立っていたのを見たとき、みんな「ええー」と言って固まってしまいました。心臓はドキドキしてました。でも、枕投げが一番の思い出です。

お友達の話もおもしろいんです。「ねえねえ知ってる？」から始まる話には「もう知ってるよ！」とか「ええ、知らなかった！」という感嘆符がつくことも初めて知りました。

義務とかでなく毎日の生活の一部として、友達が自然に接してくれる事、それがとてもうれしかったのです。障害があるというだけで別のレールが用意されているけれど、みんなの手を少しずつ借りることで障害があっても生きる世界が違ってくるのです。

共通の理解は時間がかかるものだということを身をもって実感しています。でもみんなが障害のある人をあたりまえとして受け入れてくれる日が早く来ることを願っています。》（ワープロで書いた原文、変換そのまま）

この作文は「心の輪を広げる」作文コンクール（総理府主催）の仙台市の小学校の部で最優秀賞をいただきました。

《出来ない子と思われていると本当に赤ちゃんのような生活しかできなくて学校に来てるって感じがしませんでした。》も、教師にとっては衝撃的な言葉です。「周りが認めたことしか表せない」ことを強烈な体験で教えてくれています。

しかし、作文にあるように通常の学級の子供たちとの生活の中で、自分をとりもどし、気持が安定し、学習も進むようになったからでしょうか、真美ちゃんの表情は明るく安定したものになってきました。

この作文にも、《障害があるというだけで別のレールが用意されているけれど》とは言っていますが、六年生の二学期頃からの真美ちゃんは、「特殊学校の下級生は自分のことを慕《した》っていてくれる」とか「特殊学級にいるとのんびり心が安まる」とか言うようにもなって、特殊学級の子供たちと生活することも自分から進んで求めるようになってきました。

通常の学級で、友達との交友関係が落ち着いてくるにつれて、特殊学級の友達に対する気持にもゆとりが出てきたのだと思います。

子供たちの個性・特性をプラスもマイナスも、丸ごと受容できるような教師、親になりたいものです。

祈りの実現

三月は、それぞれの進路が決まる月。自閉症の真美ちゃんにも奇蹟が起こりました。

二年半前までは、二、三歳の赤ちゃんと思われていた子。半年前には、六年生の課題を学習することは可能だと、ある程度周囲の人々の理解を得られるようになってはいましたが、誰もが中学校はどうするの？　と彼女に適した学習の場を考えあぐねていたのでした。

いわゆる特殊学級が学習の場に適しているとは思えないし、通常の学級に特別な支援のないままに、入れてもらうには問題が多すぎるように誰もが感じました。

でも、彼女は自分の中学校進学への夢を語っていました。「女の子だけの学校がいい。神様やお祈りの勉強のできる学校がいい。小説家になる夢をかなえる勉強のできる学校がいい」と。そして、彼女は、それらのすべてがそろった仙台でトップクラスの私立のミッションスクールに入学を許可されたのでした。

彼女の平成十二年の「新年の抱負」の作文は、次のようなものでした。

《漠然《ばくぜん》と考えると小学校卒業と、中学校入学がある。でも、その前に通らねばならない大きくて高い山があります。自分が決めたことなのでまずは、受験に全力投球。絶対合格するとと思ってすることが、今の第一目標。これをクリアすればバッチリ。そうすれば将来の夢に少しちかずくような気がするのですが。もし、万が一だめだったとしても、始めから決まっていたことと、あきらめられる気持ももちあわせたい。それは、まだそこに行くのは早いと神様がアドバイスしてくれたと思うことにしようと思うことにする。でも、絶対そうならないようにがんばる。がんばっている。

最後の小学校の三学期は、楽しく、明るくたくさん同級生と仲良しになりたい。だから六年の教室にずっと居ることができるように自分をコントロールできるようにすること。

わかくさ（特殊学級）の可愛い後輩たちのことも忘れていません。でも、二学期より一緒にいる時間が少ないかもしれませんが、一緒の時は楽しいことをジャンジャンやって楽しもうと思います。

後悔のない生活ができるように頑張ること、この言葉につきます。》

この作文を読んで、受験に対する心構えに感心し安心しました。こんなに情緒のバリアの厚い心構えができていることは驚きでもありました。

そして、合格した次の日、次のような作文を書きました。

《　私の未来
私の未来は開いた。私はみんなと離れて勉強するのがいやだった。でもそのおかげで、宮城学院に入ることができた。私は、試験の時は大きな間違いをしたので、てっきり落ちたと思っていた。それが受かっていたのだからすごくうれしかった。

私は、みんなの中に入って友達と学ぶ楽しさを教えてもらった。それがきっかけとなって今度の道につながった。本当に私は多くの友達や先生に恵まれて幸せだったと思う。

これから六年生としてみんなと同じようにがんばりたいと思う。そして、たくさんの思い出をつくって次の道へ進んでいきたい。これからもお願いいたします。

十年後の私は、大学に入って小説家になる勉強をしていると思います。》

一年くらい前に「真美はみんなに、何か言うとおかしいって言われます。真美がやろうとしたことは恥ずかしいこともあるけど、でも、変な子って言われるのもいやです」と言ってパニックになり、泣き喚《わめ》いたのが嘘のような澄み切った心境です。

真美ちゃんは、まだ健常児のようにはできないことがたくさんあります。何でも書く力はあるのに、全く一人で鉛筆を動かすことができるのは、まだ限られた場所や人の前だけです。

何でも話すことのできる内言語をもっているのに、あたりまえの発音とリズムで話をすることができません。

知識も多く、正しく判断し、多様に創造的に考えることができるのに、日常生活の中では、簡単な弁別がままならず、幼児のような行動をとってしまったりするのです。そして、コントロールできない自分を嘆きもしています。

入試の面接の場でも、並んでいる机の隙間やドアの隙間が気になって何度も直そうと席を立ったり、机を動かしたりしたそうです。今までの普通の考えだったら、通常と異なる手のかかりそうな子供を、わざわざ自分の学校で指導しようと思う学校があるとは思えませんでした。

しかし、彼女を受け入れてくださった学校は、「わが校で教育を受けることを心から望み、わが校のカリキュラムでの学力を有する子供なら、障害を理由に差別はしません。同じ入試問題で合格点を採ることができれば、受け入れます。受け入れたからには、万難を排して教育に当たります。自閉症に対する専門家はいませんが、でき得るかぎりの勉強をしながら、全職員で誠心誠意指導します。」と言ってくださいました。

こんなすばらしい学校に巡り合ったことも奇蹟のようですし、真美ちゃんが入試の合格点をとれるようにがんばることができたことも奇蹟のようでもありました。（六年生の担任は小川先生ではなく特殊学級主任のK先生でした。小川先生は講師の任期が切れてしまいました。六年生の間の受験指導も生活指導もK先生がしてくださいました。）

希望が、祈りがその通りに実現したのです。マイナス面のみを見たら、とてもかなわないことが実現したように見えるのですが、真美ちゃんのプラスの面のみを見ますと、そのすばらしい感性と能力には目を見張るものがあります。何を真実と見、何を大事に教育をしようとしているのかが問われるわけですが、ポジティブ・シンキングでの入試が行われたことは嬉しいかぎりです。

学校教育だけに限っても嫌なニュースばかりが多い今日この頃ですが、この度の真美ちゃんのニュースは「この世は捨てたものではない」（真美ちゃんの言葉）と思える快いできごとでした。「真美みたい」と彼女が言った星野富弘さんの詩（「雪の道」より）です。

のろくても　いいじゃないか
新しい　雪の上を
歩くような　もの
ゆっくり歩けば
足跡が
きれいに残る

第二章　心の根っこを育てる

信じて待つ

不登校

豊君（仮名）は、四年生の九月から不登校になってしまいました。不登校にならない間に、その子の苦悩に気づき、具体的な対策をとることができるのが一番です。しかし、すこしもろさもあるけど、真面目でがんばりやで心の優しい、豊君の様子に一年生の時から担任も他の先生方も目を掛け、配慮ある指導を心掛けていたにもかかわらず、途中で助けてあげることができませんでした。

一・二年生の時は、吃音《きつおん》が気になったり、算数の遅れが気になったりしながらも、友達関係も悪くなく、登校しぶりは全くありませんでした。三年生の時は特に、順調な生活を送っているように見えました。担任との関係も良好でした。

担任が持ち上がりで四年生になりました。四年生の夏休み明け、保健室に毎日来るようになったと思っているうちに、ある日「頭に二百個石が乗っかっているような感じで、頭が痛い」と表現するようになりました。算数の時間の前にそうなるので、担任や養護教諭が算数の前に気持を楽にする言葉を掛けたりしていました。しかし、二、三日後にはその感じの頭痛が、朝登校する前にも現れるようになって、学校に来られなくなってしまいました。

それから五カ月間、学校を休む日が続いたのでした。放課後、母親と一緒に職員室に来て、先生方とおしゃべりしていったことが二度あっただけでした。

その間、保護者は大学の心療内科に親子のカウンセリングを求めました。始めのうちは、当分は登校刺激を控えるようにとの指導がありました。私たち教師も、彼の心が疲れ切っていることを感じましたので、病院の指導に従うことにしました。

直接の原因は、普段仲良く遊んでいた友達とのトラブルにも見えましたが、その底には、学校の学習や生活の流れに合わせて生活している緊張に疲れを感じているようでした。また、家庭には祖父と母親との間に緊張感が幼いときからあったようでもありました。家庭でも、学校でも、緊張感の連続で、ゴムが伸びきってしまったように、心が疲れ切ってしまったのでしょう。それが頭痛という身体的偏重として現れているのだと思われました。

学校からは、学級・学年の連絡は欠かさないようにしました。担任が毎日連絡に当たりました。登校を促すことはしませんが、学校の様子は見えるようにしておいてあげたいとの思いでした。担任は、保護者の思いに何度も心から耳を傾けましたし、信頼関係は大変良好でした。クラスの友達も時々遊びに誘ったりしてくれていました。

年が明け三学期になって、放課後や休日に友達と遊べるようになってきました。また、学校からの連絡を母親と話題にできるようになりました。

二月になって、学校で関係する先生方（担任・養護教諭・教頭）が話し合い「そろそろ登校刺激をした方がいいのではないか」と思い始めました。同じ時期に、病院の先生からも母親へ「豊君の極度の緊張感はとれてきたと思う。豊君のようなタイプの子供は、自分から積極的に動き出すのを待つより、ある程度登校のきっかけを周囲で作ってあげる方がいいと思う。お母さんが無理のない登校を提案してみなさい。」という学校の考えと同じような指導がありました。

保護者の気持、お医者さんの方針、学校の先生方の気持が丁度一つになったときに、本人の気持も動き出したようでした。

母親が「十五分だけ保健室に遊びに行こう」と誘ってくれました。その言葉にすぐに豊君は「いいよ」と登校する気持になりました。学校に登校しさえすれば、いよいよ学校の出番です。しかし、その時学校にあらかじめ予定した良い施策があったわけではありませんでした。豊君と顔を合わせる中で何かきっかけをつかみたいと思っていました。

偶然の中にあったきっかけ

第一日目、四校時が始まった頃、母親に連れられて、にこにこ笑顔で豊君が保健室に入ってきました。

養護教諭と教頭とで家庭での生活の様子など何気ない話を豊君としている時でした。保健室に入ってきた児童がいました。豊君と同じクラスのD君でした。木版を彫っていて、彫刻刀で指を切ってしまったとのことでした。それで、豊君のクラスでは、今、彼が一番好きな図工で版画の制作が行われていることが分かりました。

彼に「版画したいでしょう?」と言いますと、「うん」と言います。「版画だけをしに保健室に来たら?」と聞くと、「来ようかな」と言うわけで、翌日も登校することに決まりました。

心が疲れ切るほどの緊張を我慢し続けてしまう子供たちは、周囲を気遣うあまり自己決定が得意でないことが多いものです。自分で決めていいということを感じさせていくことが大事です。登校時刻も、下校の時刻も自分で決めさせることにしました。十一時半に登校、十二時には下校で三十分だけ保健室にいるとの予定です。翌日彼は十一時半にお母さんの車に乗って登校してきました。

養護教諭も教頭も、豊君が時間どおりに登校してきたことを喜びました。そして、その日は約束通り版画の作業に入りました。木版画の作業行程を確認し、まず、下絵を描くことにしました。イメージはすでに決まっていて、すぐに「ポケモン」のキャラクターを描き始めました。しかし、描き始めたと思ったらすぐに時間がきてしまいました。

時間がすぐにたってしまった残念さを、一番感じたのは彼でした。「明日は、十一時に来て十二時に帰る」と言いました。三日の間に学校にいる時間が倍増しつづけたことになります。

三日目は、下絵が仕上がり、版木に下絵を転写しはじめました。多色刷りにしたいというので、版木も一枚では足りなくなりました。翌日の約束をするときに、「保健室でたくさんの道具を並べたり、木版を彫ったりするのはどうかな?」と持ちかけました。図工室や会議室など空いている教室に移って版画の作業を続けることに同意してくれました。それから一週間、多色木版画の彫り・刷りと見通しのある作業を楽しんですることができました。

作品を作る仕事は、自分の活動の足跡がはっきり見えますので、達成感が味わえます。また、教師も具体的に学習の過程や成果を認めることができます。「いい仕事してますねえ」などのテレビの流行言葉が飛び交う笑いの多い学習時間になりました。版画の指導は主に教頭が、都合がつかない時間は養護教諭があたりました。

その間、登校は、二時間目後の業間遊び時間が終わった直後の十時四十五分になっていました。また、下校も給食の始まる十二時二十分まで延びていました。給食の献立等、給食の話もしました。豊君の方から「今日の給食はなにかな」と言うこともありました。

しかし、給食を食べるとは言い出しませんでした。「一緒に食事をするというのは、心を開くことなのだ」と、改めて思うのです。その意味でも毎日の家庭の食事を誰とするのかということは、大変意味があるのです。

きっかけがきっかけを呼ぶ

版画をしながらのおしゃべりの中で、彼の家庭のこと、興味のあることなども自然に話してくれました。版画が終わったら、コンピュータをしたいのだと言います。自分から学校でやりたいことがあるのはすばらしいことです。まずは、学校に来たくなることのみを目標において、それぞれの先生方の豊君に対する要求は極力職員室での話題に留めておくことにしました。彼の中に学習への意欲があることをみんなで信じ、彼の学校に来たい思い、学校で何かをしたい思いを大事にすることにしたのです。

とは言うものの、職員室で話すそれぞれの先生方の思いも大事にはしたいと思いました。そして四年生の間の目標として次の四点を、チャンスをつかんで支援することにしました。

①教頭・養護教諭以外の教師とも学習できるようにする。
②登下校の車での送り迎えを止め、歩いて登下校できるようにする。
③給食を食べることができるようにする。
④登校時刻に登校できるようにする。

コンピュータと言っても初めは、お絵かきをしたり、ゲームをしたりだけだったのですが、彼にとっては図工と同じように楽しいものだったらしく、「学校はいいなあ。やりたいことが何でもできる所なんだね。」などというせりふが口から出たりもしました。

四年生の担任の先生とは、大変よい関係が続いていましたので、毎日必ず職員室でおしゃべりする時間をつくっていました。教室では、社会科で沖縄の学習を始め、インターネットで資料収集をすることを話されると興味をもったようでした。自分もインターネットをしたいと言います。いい機会です。インターネットはコンピュータ担当の先生に受け持ってもらった方がいいことを話し、コンピュータの先生は、二校時しか空き時間がないことを告げると、登校を「九時半にする」と言い出しました。

インターネットへの興味は予想以上に高く、必要感からローマ字の学習もいやがらずに始まりました。少しでも抵抗のあることはやろうとしなかったのですが、少しずつ抵抗が解けて行くのが感じられました。

下校も、お母さんのお迎えがあると、時間を延ばすことも難しく、給食を食べるきっかけも作りにくいので、帰りは歩いて一人で帰ることを持ちかけてみました。お母さんも、迎えに行けない理由をつくってくださって、初めて一人で帰ることができました。少しでも前進したことは、先生方みんなに話しておきました。すると先生方みんながほめてくれますので、一度できたことは確実に定着していくようでした。

給食も毎日メニューの話題は出していたのですが、揚げパンの日、珍しいメニューなので、持ち帰って家で食べなさいと、持たせることにしました（本当は、給食に出されたものを家に持ち帰ることは禁止されています）。そして、給食セット（はし、ナプキン等）も持ってきておくように言いますと翌日持ってきました。その日から、保健室で養護の先生と給食を食べられるようになったのでした。養護の先生がお出かけの日、職員室で給食を食べることを提案しました。あっさりと「いいよ」と言って、職員室で給食を食べる先生達の輪の中に入ってきました。次の日からも、先生方とおしゃべりしながら給食を食べるようになってしまいました。なかなか、ウイットに富むところがあり、先生方のアイドルのような雰囲気もできてきました。

また、四年生の理科の実験に「水と空気の膨張」があります。担任の先生が「おもしろい実験だから教室で一緒にしようよ。」と誘ってくれました。「教室で友達と一緒にする自信はない。でも、その実験したいな。」と言いますので、理科室で教頭と二人だけの実験を行いました。実験も楽しく、温度が高くなると膨張し、温度が下がると収縮することを視覚的に確認できて、興奮していました。

この時の副産物は理科室の壁に貼ってあった理科新聞に載っていた記事でした。「べっこう飴つくり」が載っていたのです。「べっこう飴を作りたいな。」と言い出しました。教頭は、「作るのはいいわよ。でも、作り方も材料も自分で調べて用意してね。豊君が全部用意できて、作り方もすっかり分かったら何時でも付き合ってあげるから。」と言いました。次の日、豊君は材料を全部用意してきました。それで、豊君のべっこう飴作りを許可しました。

作り方を見守るのは、教頭と養護教諭と技師さんが交替で行いました。五十本ほどのべっこう飴ができあがりました。そして、その作ったべっこう飴を持って、クラスの四年生最後のお別れ会に参加するというおまけまで付いたのでした。

学校でやりたいことが増えてきて、朝も正規の時刻に歩いて登校するようになりました。それで、クラスの友達が朝迎えに行って、一緒に登校できるようになりました。豊君は保健室に登校です。自分のクラスに入ることはできないままに、正規の学校生活の時間は、学校で生活するようになっていました。そして、春休みに入りました。この二週間あまりの春休みは、今までの豊君の心の回復が順調だったかどうかが試される期間でした。先生たちはみな、始業式の日の豊君の登校を祈るような気持で待っていました。

先生方の連係プレー

そして、五年生になった始業式の朝、豊君は始業三十分前に保健室に登校してきました。次の日からも、豊君は、クラス替えのあった新しいクラスに足は向かないながら、一日中、学校にいるようになりました。

一人の子供がクラスに入らないで学校生活するということは、その子の指導者も一人必要だと言うことです。このことに対する学校の決断は案外大事だと思います。

とにかく、豊君が学校に来ることができることを心から喜ぼうと思いました。今、本人ができること、やりたいと思っていることをできるだけさせてやりたいと思いました。しかし、誰か一人が無理に我慢する指導体制も破綻《はたん》が来てしまいます。基本的には、教頭と養護教諭が豊君の指導に当たりながら、他の職員にもできるだけ指導にかかわってもらえるようにしていきたいと思いました。一日の流れの中で自然にかかわれる人にかかわってもらうことを全職員にお願いしました。特に職員室にいることの多い技師さんや事務主事さんにもお願いしました。教頭は、形に現れない仕事がほとんどで、一人の子供の指導にかかわってしまいますと、学校運営で見えない支障が出てくることは分かり切っているのですが、自由に時間を工面しやすい教頭がまず率先して指導に当たることにしました。

担任は、新しく転勤してきた男の先生です。

豊君と必ず一日に一回以上は声をかけ、学級の状況の情報を話してもらうと同時に、まずラポート（信頼関係）をとってもらうようにはしましたが、豊君の状態像を把握してもらうまでは、今までの流れの中で任せてもらうことにしました。担任に抱え込ませてしまわない体制ができつつありました。

空き教室がないので、豊君の固定教室をつくるわけにいきません。豊君の机とロッカーを保健室に作ったものの、時間によって、保健室、学習活動室、図書室、理科室、コンピュータ室と渡り歩く三、四日が過ぎました。その間、何度も教頭は電話等で呼び出されます。思い切って豊君に「職員室で学習しよう」と持ちかけてみました。給食を職員室で食べることには抵抗がなくなっていたからでしょうか、案外あっさりと承知してくれたのでした。

これは、大変良い効果をもたらしました。職員室で一日生活しているのですから、教務主任も、技師さんたちも他の先生方も豊君が今何をしているのかが分かります。豊君へのいろんな先生方の声がけがとても多くなりました。また、それぞれの立場で、感じたこと考えられることを教頭に話してくれるようにもなりました。

例えば、豊君は体育があまり好きではなく、なかなか体を動かす機会をつくれないでいました。「一日中職員室にいるのはかわいそうだ。外に連れ出しては？」と誰かが言ってくれます。みんなが、そうだなあという気分になっていると、教務主任が「俺が裏山にでも連れ出すか」と言ってくださり、毎日の日課に裏山（国有林が広がっている）歩きが加わりました。

豊君と教務主任が初めて一緒に山に入った日に、かたくりの群生を見つけてきました。咲いているだろうことは知っていたのですが、新学期の忙しさに追われているうちに見逃し、見たことのある教師は誰もいませんでした。その話を、先生方にしますと、かたくりの群生を見に、子供を裏山に連れて出す学年が次々に出てきました。

「総合的学習の時間」が平成十四年度から全面施行になりましたが、その二年前から移行措置の期間が始まり、どこの学校も学習活動を創りあげていかねばならない年に入っていました。当校でも、裏山を活用した取り組みが創造されつつありました。そんな中で、四月中旬のうちに裏山に各学年が入り込んだことは、各学年の指導計画に弾みをつけました。豊君の活動が学校全体の学習活動の引き金になったともいえる効果でした。

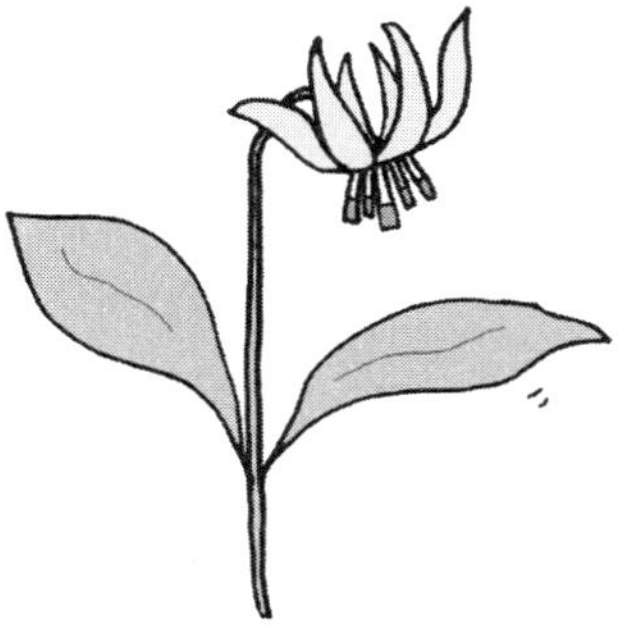

裏山の沢で、教務主任の指導で沢ガニを見つけてきて、職員室で沢ガニを飼いはじめました。そして、豊君は、職員室のコンピュータで「沢ガニ日記」を付け「沢ガニ新聞」を作り始めました。コンピュータにまだ拒否反応をもっている先生方もいますので、豊君の活動ぶりを心から感嘆の気持で声がけしてくれることも、豊君の気持を明るくし、居場所をつくることになっていきました。

五年生の理科の学習で「めだか」が出てきます。五年生の児童の中から、沢ガニがいるのなら「めだか」もいるのでは？　との声が上がってきました。豊君個人の学習の発展がきっかけで、五年生全体の「総合的学習の時間」への発展へと繋《つな》がっていったのでした。

職員室で、草餅の話が出た時に、技師のおばさんが「豊君、毎日山に行くのなら、よもぎを採《と》ってきてよ。草餅《くさもち》作ろうよ」といってくれました。そして二日目、技師さんの指導で、豊君と養護教諭と事務主事との四人で五年生全員と全職員分の草餅を作ってくれました。豊君は、自分が行った活動が広がり、喜ばれていくのを喜びに感じるようになっていったのだと思われます。

草餅作りをした数日後、二年生が生活科でよもぎ摘《つ》みをし、それで草餅を作るというのを聞いて、

「僕が、お手伝いにいって、ゆで方のコツを教えてあげようか」

と言い出しました。そして、二年生の教室で活躍して嬉しそうにもどってきました。

今できることを大事に、そのことを認め応援していくと、思いがけないチャンスが生かされて、子供は目に見えない自信をつけていくのだと思わされます。

良くなってきたときに出てくる指導者の欲

しかし、職員室で生き生きと楽しそうに学習している姿を見て、先生方の中にはあまりに親切にし過ぎて、職員室が快い居場所になってしまっては教室に戻れなくなってしまうのでは、との心配の声も聞かれるようになってきました。豊君の何を心から信じるか。ここがとても大事なところです。

不登校の豊君が保健室や職員室に、登校できるようになって三ヵ月。初めの頃は、登校してくれたことだけで大きな喜びでした。給食が学校で食べることができるようになった時も、自力登校できるようになった時も、始業時間から登校できるようになった時も、六時間目の終了まで学校に居られるようになった時も、みな、先生方の大きな喜びでした。

しかし、それらのことが当たり前にできるようになると、次の欲が出てくるものです。

「今できることを大事に、できたことを認め応援していく」という方針に全面的に賛成していた先生方の中に、疑問の声がでてきました。「職員室で工作をしたり、パソコンをしたり、裏山に行って山菜を採ってきて技師さんと天ぷらを揚げて給食時間に食べるような生活」を毎日見ていると、こんなに気ままにさせておいてよいのか？　先生方との関係だけの、好きなことだけしている生活で果たして学級に戻ることができるようになるのだろうか？　と考え始めます。

よくなってきた時に失敗するのは、この、もっとよくしたいという気持と、まだ思った通りにならないと思う、待つことの難しさです。

「信じて待つ」というのは、じっと何もしないでいることではなく、「今できることを大事に、できたことを認め」ながら、「啐啄同時」の心構えで処していくことです。何を信じるのかというと、その子の本来持っている「生きる力」を信じるのです。

豊君は、五年生の自己目標に、「実現できないことでもいいのなら『五年一組で勉強する』と書きたい」と言いました。心の奥には願いをもっています。『五年一組で大丈夫勉強できる』という自信は、自分で造っていくしかありません。周りの者は、機会に出会う環境づくりのお手伝いはできます。好き勝手と思える学校生活の中で、豊君は「学校は楽しいことがいろいろできるところ」「緊張しなくてもいいところ」「先生たちは僕の味方だ」のような気持を育てていったのだと思います。

苦手な体育の心理的克服

学校には、いろいろな行事があります。五月二十日は運動会、三十日から二泊三日の野外活動、六月二十三日はわかくさ祭り（子供まつり。児童会で計画・準備する遊び集会）など、子供たちが心待ちにしている行事が目白押しです。

豊君は、運動は苦手でした。でも運動会に参加したいという気持はありました。練習の最初は五・六年生でする組体操でした。担任の先生と養護教諭に誘われて、嫌々練習に出ました。「倒立の練習できなかった」と言って職員室に帰ってきましたが、半年ぶりの体育は心地よさもあったのか、顔は晴れ晴れしていました。養護教諭がすかさず「豊君なかなか倒立のセンスいいよ。練習するとできるようになりそうよ。次の時間も先生と練習しよう」と誘ってくれました。

養護教諭との個別指導の結果、足が上がるようになりました。次の日の練習には、自信を持って出かけました。練習の様子で養護教諭や教頭が、できているところをほめたり認める言葉をかけたりしました。運動会の練習だけは五年生の集団の中でできるようになってきた頃、「ああ、後六日で運動会が終わる。早く終わらないかなあ」と言うのでした。その次の日、「僕やっぱり運動会いやだ。今日の練習には出ない」と言いました。その時は、「だめ、練習には行きなさい。」と少し大きな声で叱りますと、「はい」と言って出かけていきました。そして次の日、緊張した顔で「具合が悪い」と言います。その時は「この具合の悪さは、運動会が近づいてきたプレッシャーだから大丈夫。でも、今日まで本当によく練習がんばってきたから、今日だけは職員室のテラスからみんなの練習ぶりを観察してごらん。きっと明日はまたやりたい気持になれるから」と言いました。声のかけ方一つとっても、これが一番いいというマニュアルがあるわけではありません。子供の状態に合わせたかかわり方があるだけです。

こうして豊君は、運動会に全参加することができました。それは、豊君にとっても親御さんにとっても強い自信になったのでした。

無理のない形でクラスの中に……

次の野外活動は、事前の準備、事後のまとめを通じて、班活動の部分が大きく、教室に行かなければならいことがたくさんありました。豊君は休み時間には必ず職員室に帰ってきてリラックスしながら、野外活動に必要な事前活動には全部参加することができました。

そして、二泊三日の野外活動に、全くみんなと一緒に活動できました。ハイキングの時歩きながら、「自然っていいいね。緑の中を歩いていると、心が癒されているような感じがする」などと大人のようなせりふが出てきたりしました。

野外活動のまとめの新聞づくりでは、パソコン技術が生かされました。友達に一目置かれる経験は、またまた自信を深めてくれるようでした。

そのうちに好きな理科の実験に誘われて参加したり、「社会科おもしろかったよ」と帰ってくるようにもなり、時には、一日の生活のうちの五時間も教室に居たりしました。

しかし、職員室にランドセルや教科書、ノート等すべての道具が置いてありますので、毎休み時間には職員室にもどってきます。「一々面倒ではないの?」と言っても「いいの」と言います。「根拠地というのは大事なのだ。根拠地が居場所として安心できるところなのだ。安心のできる場所は自分の心でしか決められない。しかし必要不可欠な場所なのだ」と思いました。

次の生活の目標は、わかくさ祭りの準備に移っていきました。豊君はクラスで出店する遊びコーナーの用具作りに没頭していました。

自分の役割がしっかりと感じられることは生活に張りをつくるのだ、という目で眺めながらの生活が続いていた六月二十日の朝、突然職員室に登校してきませんでした。どうしたのだろうと思いましたら、朝からわかくさ祭りの準備があるので教室に直行したのだそうです。そしてそれ以後、一度も職員室にもどってこなくなったのでした。

算数にかなりの遅れがあり、算数への自信が回復したとはまだ思えませんでした。「僕は算数は嫌いだから一生やらない」とまで言ったこともあったのですが、教室にもどれるようになって間もなく算数のTT（チームティーチング・二人以上の先生がチームを組んで指導に当たるシステム）の先生が「今日、豊が算数の時間に手を挙げたんだ」とうれしそうに職員室に帰ってきました。

一つ一つのこと全部に自信がもてなくても、なんとはなしの自信が回復すればいいのだと思わされます。

不登校が始まってから、九ヵ月。自分で着地点を探しながら、無事軟着陸できたのでした。心だって風邪をひくことがあります。その風邪に合った手当をしながら、回復力を信じて待つ学校・親でありたいものです。豊君のご両親は、学校での指導のすべてを応援してくださる理想的なパートナーでした。

自然は癒しの天才

子供たちと一緒に里山の学習を始めて、改めて日本に生まれたありがたさを感じます。

仙台の青葉山の尾根続き、八木山の一角に造成された団地の学校です。学校の裏の校地である里山に続く国有林は、日本の脊梁《せぼね》である奥羽山脈まで続いています。カモシカが学校の五百メートル手前まで来た形跡があったり、雪が降るとウサギの足跡が発見できたり、リスが食べた跡のある木の実が落ちていたり、裏山に入るとたくさんの発見の喜びを味わうことができるのです。

「総合的な学習の時間」の設置により、教師も子供も裏山に入る時間がぐんと増えました。教師の目が裏山に向くことにより、子供たちの目も保護者や地域の方々の目も、大きく裏山に向くことになりました。

藤やアケビのつるがからまる赤松やヤマハンノキなど陽樹が所狭しと生えている山、春ともなれば、タラの木が何十本も芽をふきます。スミレやカタクリが一面に咲きます。

こんな里山が学校の敷地内にあるのも珍しいと思います。

開校二十五年、山を切り取って造成された団地の周囲は、緑いっぱいの山に囲まれていますので、私たち教師は、ずうっと二十五年間緑の山が続いていたと思っていました。

しかし、開校当時の写真は当時の裏山の様子を物語っていました。学校の裏山は、赤土むき出しでした。土留めに植えた芝草が薄く生えた写真もありました。その当時在校していた卒業生は、冬、雪が降ると学校の裏山でスキーやそりで遊んだと語っています。

学校が裏山に目を向け始めたことにより、国有林と思っていた裏山が、二十五年間、何の手も入らなかった校地だったということを発見したのでした。

国有林の自然林部分は三〜五百年くらいたった安定した森林で、しっかり管理されてきています。しかし、校地部分は、すすきのような草が生え、日向でなければ育たない陽樹が生え、陽樹の中で日蔭になってしまった赤松などが枯れ始め、陽が当たらなくても育つ陰樹がそろそろ芽生えようとするかの様相なのです。本来の自然といえる荒れようながら、二十年くらいで赤土山が、雑木林そのものの姿に成長したのでした。日本のように雨が十分に降って暖かいところでは、草地は放っておけば、やがて森林になることができるのです。すばらしいことです。森のできるまでの道のりをたどりながらの山の営みは、理にかなった生命の神秘さを感じさせてくれます。

子供達の学習のゲストティーチャーとして巡り会った先生が、教室から見えるたくさんのヤマハンノキをながめながら次のような話をしてくれました。

《ハンノキは、日向が大好きで山が森になるまでの道のりの中で、木としては、一番先に芽を出してくる木です。昔は炭焼きの原料になったりしていましたが、今はただ朽ちて行くだけの木なのです。しかし、それを望んで、それを使命として生まれてきた木なのです。木全体に窒素分が多く、年に二回も落葉して、土地を肥沃にしようとします。そして木本体も十数年で朽ちてしまうのです。朽ちることで土地を肥沃にするという使命を生ききるのです。そのおかげで次に生えてくるカシやシイやブナなどの陰樹が育つことができるのです。》

ハンノキは、まるで乙橘姫《おとたちばなひめ》のような木です。自分の身は無くしても、お役に立てることに喜びを感じることのできる生き方をしている木があったのです。自然界は、一見すると弱肉強食に見えますが、一度視点を変えますと、生かし合いの生活で成り立っていると言えるのかもしれません。

豊君が、教室には行けずに職員室登校をしていた頃、彼は毎日必ず裏山を教務主任の先生と歩きまわって来たのでした。

始めの頃は、「疲れる」「面倒くさい」と言っていた彼でしたが、そのうちに歩きながら

「自然はいいね」「なんだか気持が癒やされていく感じがする」などと口にするようになっていきました。

その豊君が、十月に行った「総合的な学習の時間」の『めだか大作戦』の中間発表会の時に、堂々と次のような発表を同級生の前でしたのでした。作文やメモを読んだのではなく、しっかりとした話しぶりでした。彼が吃音《きつおん》の障害を持っていたことなど、発表中に思い出すことはありませんでした。

《僕は、四年生の中頃から、学校に来ることができなくなりました。やっと学校に来ることができるようになっても、クラスに入ることはできませんでした。職員室で先生方と勉強していました。五年生になって、伊藤先生と始めて裏山に行きました。はじめ疲れるしめんどくさいし、いやいや行っていました。でも毎日行っているうちに、なんだか裏山が大好きな場所になってしまいました。癒やされたと言っていいのかもしれません。僕の中に何だか力が湧いてきたような気がしました。

そして、僕は教室に戻ることができるようになりました。

沢ガニを見つけて飼いました。山には、鳥も虫もいました。蛍がいる沢にめだかがいなくなってしまったのは、本当に残念です。

今、ぼくたちがめだかを飼いながら調べていることが、裏山の力になれば嬉しいです。》

自然の宝の山は子供達の心を育てる宝の山でもあったのです。

環境教育の原点は、まず自然のすばらしさを体感すること、そして自然に感謝できることにあると思います。

〝やわ〟な子に育てないために

木の剪定

私の勤務校は、仙台の中央部に位置しています。周りはマンションに囲まれているものの、緑豊かな広い校地です。伊達政宗が隠居のために築城した若林城の跡地の一角にある学校です。地域の方達は、若林城の跡地にふさわしい樹木の多い校庭にしようと、開校当時の数年間は、地域をあげて植樹に勤《いそ》しんだそうです。そして、何と公称千七百本もの樹木が茂っているのです。

校舎は校地の南に位置していますが、南面のフェンスに沿って植えられている桂の木は、五月になると涼やかに伸び伸びと茂り、大変美しいので、うれしい気持で校舎から眺めていました。

しかし、「過ぎたるは及ばざるがごとし」と言いましょうか、茂り過ぎて見通しが悪く、また、校舎にも日差しが入り込まず、特に一階は大変暗いのでした。ご近所でも、夏になると虫の発生もあり迷惑しているとの声も聞こえてきました。幸いなことに転勤してきた技師さんはとても樹木に詳しい方でした。

「〝自然に〟という名目で伸び放題になった木は、見るものが見ると一度も散髪《さんぱつ》をしたことのない人のようなむさくるしさを感じる」のだそうです。技師さんが剪定《せんてい》してくださると言うことで、剪定が始まりました。五月の中頃から一ヵ月間ほどの間に、八メートルくらいはあろうかと思える樹齢二十三年の桂の木、十数本が次々に丸坊主にされていきました。

木を切った張本人の技師さんは、「大丈夫、すぐに葉が茂り出すから」「五年もするともとどおりだよ」と涼しい顔をしています。

本当でした。切った後からすぐに次々に枝が伸び出してきました。八月頃には、すっぱり切られて切り口が覗いていた幹の周りに、こんもりと葉が繁りだして、のっぺらぼうの樹形は全く消えてしまいました。技師さんの言ったとおりでした。

技師さんが何気なく口にする言葉の中に、しばしば教育への一言を感じてしまいます。先の「〝自然に〟という名目で伸び放題になった木は……」も、自然、自由のはき違いでしつけ無しで育った子供たちの姿を想像させます。

剪定の思い切りのよさに驚いていると、「これだけ強い剪定をするのは、しっかり育っている木だからだよ。やわな木はこんなに潔く剪定できないよ」と言うのでした。「年数をかけてしっかり育った木は根がしっかりしているから、回復力も早いんだ」そうです。

何もかもが〝やわ〟な現代社会において、かみしめたい言葉です。

O―157

〝やわ〟といえば、O―157のニュースを最近も地元の新聞で目にしました。藤田紘一郎（東京医科歯科大学教授）先生の随筆（『社会保険』1997年8月号）を思い出します。

《（前略）大腸菌とヒトとは切っても切れない、穏やかな共生関係を続けているのだ。

それではなぜO―157のような病原性大腸菌が出現したのだろうか。O―157は一九八二年にアメリカで最初に見つかった。その後（中略）いわゆる「文明国」だけで「発展途上国」にはまったく出現していない。

大腸菌そのものは、長い期間をかけてヒトや牛などの家畜と共に共生関係を築いてきた。そこに、人間の文明社会が生んだもの、日本では『清潔志向』の延長である抗生物質や消毒剤を乱用したことなどから、大腸菌の「生きる環境」を奪ってしまったことにあるのではないだろうか。

生きる環境を奪われた大腸菌は、何とか自分の生きる方法を模索しはじめた。その結果何種類かの大腸菌が出現してきた。O―157はそのなかの一種類の大腸菌の「奇形種」だったのだ。

この「奇形種」のO―157は実はきわめて『やわな大腸菌』なのである。細菌類がわんさといる「汚い場所」には生存できない。世界で最も清潔な場所「学校教職の場」でしか騒動を起こすことができない。そして、このやわな大腸菌はやわな日本人が特に好きのようだ。

……(後略)》

〝やわ〟だから普通の環境では生きられずに、もっとも抵抗勢力のないところで暴れる。細菌の世界で起きていることと同じことが、今の日本社会でも起きていることになります。

強くたくましい子供に育てたいと思いながら、子供の周りの環境にある要らないと思われることを排除することにのみ力を注いでいると、O―157をつくり出すことになってしまうわけです。

〝やわ〟ではなく、しっかり強く育てるには、根っこを育てることが大事なのだと樹木は教えてくれています。

不登校やいじめなど「文明国」の生んだ「文明病」の数々を克服していくには、(一人一人の子供に対応して解決していかなければならないわけですが)、社会全体で、じっくり根っこを育て環境を創っていかねばならないのだと思わされます。

大ヒットしたアニメ映画「千と千尋《ちひろ》の神隠し」の千尋(普通の十歳の女の子)が、困難な状況に出会って、知恵も身体も働かせながら、たくましく成長していく姿には、誰もが勇気を与えられたと思います。

どの子の中にも愛と勇気と勤勉さ、正義感は内在しているのです。

いじめの根っこに

子供の世界は、ある意味では、残酷でもあります。自己肯定感や自尊感情が十分に育つまでは、相手の気持を本当には思いやることができないと思われるのです。

私自身の三〜四歳のときのかすかな思い出に、おやつをいただくときの光景があります。母は、私が友達を連れてきて家や家の近くで遊んでいると、必ず十時と三時にはおやつを出してくれたのでした。終戦当時のおやつですので、母の手作りのものでした。干し芋とか干しビート（北海道特有）とか、昆布を焼いて細く切ったものとか、焼きせんべいとか、飴とか（おせんべいや飴も家庭でつくったものでした）、いり大豆とかおまんじゅうもありました。

その日は、酒まんじゅうでした。あんこの入った酒まんじゅうは本当においしいものでした。お部屋で遊んでいるときから、酒まんじゅうを蒸《ふか》す良い香りがしていました。

母が「おやつですよ。手を洗っていらっしゃい」とみんなを呼びました。そしてちゃぶ台に坐って待っているうちに、何だか無性に悲しくなって泣いてしまいました。自分でも恥ずかしいなあと言う気持も持ち合わせながら、何だか母は私を大事にしてくれていないような気持になって涙が出てきたことを覚えているのです。おやつを配られるときいつも私が一番最後でした。それは、お友達はお客さまなので、お客さまから配ると言う単なる母のしつけであり、私はそれを知ってはいたようなのですが、そのときは何だか、おいしいおまんじゅうがもらえるのは最後なのかと思ったときに涙が出てきてしまったようなのです。

この時の自分の感情を思い返しますと、自己肯定感が十分に育っていないときに、自分を守りたくなる子供の心の動きがみえてくるような気がします。幼いときの私は、自己主張のできる子供ではなかったのでただ泣くことになったのだと思います。

子供によっては、このように自分が不利な情勢になったり、なろうとしたときに、単純に早く配られた子のものをとったり、その子をはたいたり押したり等、周りの子供に攻撃をしかけたり、あるいは意地悪をしたりすることがあるのだと思います。

うまく説明はできないのですが、自己防衛のために行ってしまう行為、これは子供の世界のみならず大人の世界にもあるのですが、自己肯定感のバリアが厚くて強い場合には起きてこない行為で、自己肯定感のバリアが薄くて弱いとき自己防衛的に起こってくるのだと思われます。いじめの根っこにある感情は、こんな心理だと思います。

現在のいじめの問題点

子供たちの世界のみならず、どこにでも転がっているいじめ（今いじめの問題はどこの学校でも大きな問題になっています）、昔からあったいじめの行為が、どうして現在このような大問題になってしまったのでしょう。

いじめる側をみますと、自己肯定観・自尊感情・自己有能観が十分に育っていないことから、相手の立場や心理を思いやることができないのだと思われます。

いじめの動機には、おおよそ次のようなことが考えられます。

1　しっとからのいじめ
2　誤った正義感からのいじめ
3　違和感からのいじめ
4　いじめる側の身勝手な理由からのいじめ
（『認めてほめて引き出して』p228以降に詳細あり）

勿論このような動機による原因はあるのですが、これは考えてみると何時の時代にもあったことです。学校でのいじめ指導には、いじめる側とその周辺の子供たちの指導が大変重要です。

自己肯定感を育てながら、相手の立場や心理に思いをいたすことができるように指導していくのが学校の役目です。小学校の場合は、大抵、学級経営の中の指導で子供たちを変えていくことができるものです。

しかし、最近学校で気になるのは、いじめられる側の問題です。いじめられる方にも自己肯定感のバリアが薄くなってきているのです。

誰もが経験したことのあるちょっとした悪口とか、無視とかにとても弱くなっているのです。簡単に言うと、やり返す力がないのです。これは、幼児時期からの遊びの世界が、純粋に子供たちがもまれ合う場になっていないからとも言えるのですが……。

小学校時代は、特に子供たちの世界で、ある程度やられたりやり返したりしながら、子供同士のつきあい方やけんかの加減などを体験しながら、嫌なことを乗り越えていく力を培っていく時期だと思うのです。

そこで重要になるのは、お母様たちの子供の心を育てる目です。

「○○ちゃんがぼく（わたし）を○○した。」と子供が訴えたときに、どんな態度をとったらいいのでしょうか？

親は我が子がかわいくて、我が子が誰かにいじめられることに黙ってはいられません。我が子に「○○ちゃんにいじめられた。」と聞くと穏やかな気持ではいられなくなります。そして、その子をかばうことを直接的にしてしまおうとします。

「お母さんが学校に言ってあげるから、もう○○ちゃんとは遊ばないようにしなさい。」

「○○ちゃんは、いじめっこだね。何て悪い子なんだろう？」

「今日も○○ちゃんにいじめられなかった？」

と毎日聞く、などは最悪です。

親が子供を守るというのは、必ずしも立ちはだかって防波堤になることではないのです。そんな場合もあるかもしれませんが、子供間のいざこざの場合は、まずその子の心を支えてあげることが親の役目で、相手に向かっては、子供自身が判断し、行動として立ち向かっていかなければならないのです。できれば、我が子がいじめられていると思わずに、嫌なことも乗り越えていく力を出せるように導いていけるようにできれば最高です。

子供が学校であったことを話したくなる親子関係は重要です。できれば母親は、子供の話をしっかり聞いてあげてほしいと思います。その上で、その子がとるべき心構えや態度を教えてほしいのです。

例えば、「あなたは、強い子よ。あした元気におはようと声を掛けてごらん。」とか、「○○ちゃんもきっと反省してるわよ。あしたも仲良く遊んでごらん。」とか、「○○ちゃんは、あなたにだけそうするの？　それはどうしてかしら？」とか、「○○ちゃんは、かわいそうね。お友達の心を傷つけていることが分からないのね。あなたは、お友達の心の動きが分かる子でうれしいわ。○○ちゃんもだんだん分かってくると思う

わ。それにはあなたは何をすればいいかしらね?」とか、

「こんど同じようなことがあったら、ちゃんと『嫌だ』と言いなさい。嫌なことをはっきり相手に伝える勇気は大事よ。」

など、その子が主体的に問題を解決していけるような視点での子供に対する応援が、親のとる一番大事な態度です。その問題を解決することを通して、子供の対人関係の力を育てていくことが、子供の心の根っこを育てていくことになるのですから。健やかに育つためには、心の根っこを大きくたくましく伸ばさなければなりません。

また、学校には、事実を報告することは重要ですが、感情を交えた要求ではなく、客観的な事実と思えることを報告することが大事なのです。

いじめ問題がクローズアップされてきてから起きるようになった二次障害とも言える現象は、親が積極的に介在することによって、いじめにならなくて済むはずの子供間のトラブルがいじめになってしまったり、いじめっ子にならなくてすむ子供がいじめっ子のレッテルをはられてしまうことです。

小学校の低学年のいじめ問題の多くは、いじめの事実より、いじめられていると思ってしまって、いじめられている心理状態になってしまうことです。いじめられていると思ってし

まった時の心理状態は、理性でコントロールできるものではありません。子供をそんな心理状態に追い込まないために、親自身が、子供の訴えを聞いたときに、すぐに我が子がいじめられていると思いこまないだけの、客観的な目と、我が子も含め子供たちみんなを育てていくのだという温かい心が必要です。

本当にやり返す力のない子の場合は、親が教師の力を借りて、その子の防波堤になってその子を守ってあげなければならない場合もあるのですが、親の心配がいじめという心配をつくりあげてしまう事実の多いことも知ってほしいと思います。

親も教師も、理解しておかねばならない大事なことは、「問題が起こったとき、その問題を解決するということは、その問題を取り除くのではなく、その問題を通して子供の心を豊かに育てる」ということなのです。

雨の中の登山

九月の中旬に、五年生の一泊二日の野外活動を引率しました。仙台市郊外にある一一七二メートルの主峰泉ヶ岳の「仙台市少年自然の家」での活動です。台風が近付いてきて秋雨全線が刺激を受けていましたので、二日とも雨であることは始めから予想されていました。しかし、引率教師五名は、「晴れてもよし、雨でもよし」の気持で活動を指導しようと申し合わせていました。

一日目は、登山が計画されていました。前の晩から降り続いていた雨は、バスに乗る時も降っていました。そして泉ケ岳にバスが到着した頃には、かなり強い降りになっていました。できれば、私達教師は歩けないほどの降りでなければ登山を決行させたいと思っていました。しかし、できるかどうかは山の状態の情報を得てからの判断になります。

幸いなことに「仙台市少年自然の家」の指導員の方々は、バスが着く前にきちんと本校の登山コースを下検分していてくださいました。そして、滑る場所は数箇所あるが、このままの降りであれば登山が可能であることを報せてくださいました（登ってから分かったことでしたが、指導員の方々は、滑って登りにくい場所を板等で補強してくださってもいました）。相談の結果、雨の中の行動的心理的制約を考えて、中腹の「水神」までの登山を決行することにしました。

終わってから、「雨の中、本当に山登りをするとは思わなかった」とは、ほとんどの子供たちの感想ですが、だから「いやだった」という子供たちは一人もいませんでした。「雨が降っている中でのお弁当は格別おいしく感じた」とか「雨の中の登山はそれなりにおもしろかった」とか「登山と焼き板作り（登山中止の時の活動と予定していた）の両方ができて得をした」など、雨の中の登山をそれなりにプラスに評価していました。

また、五人の教師の中の一番若い先生が「雨の中本当に登らせるとは思わなかった。さらに、雨の中でお弁当を食べさせるとは思ってもみなかった。でも、やってよかった。子供たちのためにも、僕のためにも」と言ってくれたのも大きな収穫でした。

キャンドルサービス

夜は、キャンプファイヤーができないので、キャンドルサービスをすることになりました。キャンドルサービスはしっとりしたよさがあります。それには、静かな雰囲気の中で聞かせ感じさせるような話が必要です。火の神から火の子そして全員に点火していく蠟燭《ろうそく》の火についての話の中でそれをしたいと思い、営火長の私は、次のような話をしました。

「真っ暗な闇に蠟燭の火が一つ灯されました。一つの火が八つの火にそして六十七の火になりこんなに明るくなりました。

部屋が暗い時、その暗闇を減らそうとして闇を部屋の外に出そうといくら努力しても闇は少なくなりません。しかし、今のように一本のろうそくであっても燈《ひ》がともると、そこが明るくなり、その明かりを増やしていくとこのように部屋が明るくなります。悲しみ・いじわる・失望などの心の闇と、うれしさ・優しさ・希望などの心の明るさについてもこれと同じことが言えます。そして、この心は日本人が古来からもっていた思想でした。

日本で一番始めに書かれた歴史の本のことを知っていますか？　その本は『古事記』と言います。『古事記』は、今から千三百年くらい前の奈良時代に書かれました。日本人が何を大事に思い、どう考えて生活をするのがよいのかを物語にしています。その中に次のような話があります。

日本の国の中心の神様の天照大御神《あまてらすおおみかみ》様は、とても悲しいことが起きて岩屋戸《いわやど》に隠れてしまわれました。天照大御神様は太陽の神様ですので、世の中は真っ暗になってしまいました。夜ばかりが続きますので、不安と恐怖で子供たちは泣き叫び、寒くて作物もとれなくなり、悪い虫がわき、風邪をひいたり悪い病気が流行《はや》ってきました。

どうにかして天照大御神様に岩屋戸から出ていただきたいと、思金神《おもいかねのかみ》を中心に八百万《やおよろず》の神様たちは考えました。そして、困ったときこそ明るいことを考え、しなければならないと思いました。それで、岩屋戸の前でみんなで楽しく歌って踊り笑いました。みんなが悲しんでいるはずなのに、どうして楽しそうな笑い声や歌声がするのだろうと思った天照大御神様は、隙間をほんの少し開け外を見ようとしました。その時、控えていた手力男神《たじからおのかみ》が岩戸を開いてしまいました。それで、再び明るい世界になったのでした。

火には、燃やす働きと灯《とも》す働きとがありますが、キャンドルサービスにちなみ、火の灯す働きについてお話ししました。」

学校に戻ってからの作文の中に、キャンドルサービスの営火長の話に触れていた子供がいたことは、予想しなかったうれしいことでした。

叱る

二日目の朝の集会での話には、「晴れてもよし、雨でもよし」の話をしました。

この日のメインの活動は、カレー作りでした。薪割《まきわ》り、かまどの火炊き、カレー作り、どれもエピソードがあるのですが、すべての班のカレーができ上がって、いよいよ配膳に向かうという時でした。「ぼやっとしているからだ！」という大きな声が聞こえてきました。そちらの方を見るとカレーの大鍋が転げ、カレーが大きく広がっており、御免なさいとつぶやきながら泣きそうな男の子が立ち尽くしています。私は思わず駆け寄って「大丈夫よ、大丈夫！」と、鍋を手に取ってその子に渡しながら「半分以上あるから足りるよ。よそってごらん」と言いました。その子は、気を取り直して鍋を持っていきました。

後で、先に大声を出した先生が「教頭先生には教えられた。咄嗟《とっさ》に大丈夫という声を出すことができるよう修行しなければ……」と言ってくれたのですが、「私は、あの時あの子の場合は、本当に悪いと思ってどうしようもない状態に落ち込んでいたので、大丈夫！　と声をかけたのだけれど、同じような状況でも、先生のように大きな声で叱るのが適当なこともあると思うわよ。本人がどんな心理状態でいるかが問題だと思うの」と言いながら、我が子の小学生の時のことを思い出していました。

私は、長女が幼い頃から過《あやま》って物を壊《こわ》したときには頭から叱ることをしたことはありませんでした。「怪我がなくてよかったね。物は壊れる時がくると壊れるの、今まで役に立ってくれたことを感謝してお別れしようね」のような感じの言葉をかけてきたのでした。

長女が一年生の時でした。友達と一緒に、ボールを我が家の片傾斜の屋根に投げて落ちてくるのを受けて遊んでいました。その時、長女の投げたボールが窓ガラスに当たってガラスが割れてしまいました。すると、長女は私と同じように「怪我がなくてよかったね。物は壊れる時がくると壊れるからしかたないよね。」と笑いながら言っているのです。その声は壊した罪意識を感じていないかに聞こえました。私はその時頭を殴られたような思いでした。壊れた物やその所有者の立場の残念さや悲しみに心を至らせていなかったことに気付いたのです。長女を呼んでしっかりと叱りました。

しつけは、叱るとか、ほめるとかの形でできるものではないと思います。ものごとの現象は必ずプラスとマイナスの両面を持っているものです。叱ることが大事なときも、叱らないことが大事なこともあるのです。子供たちのしつけは、いつも自分の生き方全部で関わるしかないのだと思わされます。

「教育は、教育者たる自分を研《みが》くこと」の言葉が思い出されてきました。

身に付けるとは

繰り返しの力

「あんたがたどこさ　肥後さ　肥後どこさ　熊本さ……」と二年生が歌っています。学芸会に、「わらべうた」を歌いながらまりつきをしたのでした。若い担任が「まりつきの技を知っている人いますか」と、職員室のみんなに聞きました。

私は、自分が小学校の一年生から三年生くらいの頃まで、よくまりつきをしたことを思い出しました。頭の中でまりつきをしてみましたら、幾つかの技を思い出してきました。それで、私が二年生の子供たちとまりつきをして遊びながら技を伝授することになりました。まりを手にしてついてみた途端、今まで頭の中では思い出すことのできなかった技までもが、自然に引き出されるように手をついて（という表現をしたくなるような調子で）出てきました。

次々に、十以上の技がよみがえってきたのです。しかも、どの技もしっかり上手にできるのです。スポーツウーマンの若い担任の先生が、私の技を真似するのですが、なかなか上手にはできません。私は三年生（八歳）の時にまりつきをして以来、五十年間もまりを手に持った記憶がないのですが、私の手も足もまりをつく感覚を忘れないでいたのでした。それだけではありません。まりつき歌も次々に思い出してくるのでした。五十年間、思い出したことのなかったと思えるまりつき歌が次々と（少し時間はかかりましたが）口をついて出てくるのです。

長い間思い出してもみなかったことでも、しっかりと身に付いていたことは、場を与えられると力を出すことができるのだということを身をもって体験したのでした。本当に驚いてしまいました。この年になって初めて分かる実感です。四十代を過ぎてから覚えたことは、少し使わないでいるとすぐに忘れてしまいますのに……。このことを小学生・中学生に是非とも教えてあげたいと思いました。

ところで、「身に付く」ということは、どういうことなのでしょう。「身に付いている」ことは、あまり努力しないでも力が出てきます。

それは、過去に繰り返し覚えたり、練習したことに他なりません。

実は、思い出したまりつき歌が、その頃意味も分からずに呪文のように唱えたり歌ったりしていたようなものが五十年も経った今も忘れずにいるのです。

子供たちが遊びを通して身に付けていくことは多く、子供たちの遊びの世界を伝承を含めて、学校でも地域でも家庭でも守っていきたいものだと思います。

さらに、小・中学校時代の学びが、一生を通じての財産になっているということを実感せずにはいられません。

基礎基本の定着

基礎基本の定着ということが言われていますが、小学校時代の学習の結果が今に生きていることも実感できます。ちなみに私は小学校時代に学んだ地理のお蔭で、今でも北海道の地名にはかなり強いのです。

また、知識のことはさておき、他人の話をしっかり聞こうとしたり、課題を自分の問題としてとらえようとしたり、考えようとしたり、学ぼうとする態度をつくりあげていったりすることも、小学校時代からしっかりしつけていくことが必要だと思います。

小学校一年生の学びの成長は大変大きいものがあります。本校の一年生も足し算・引き算の基礎を学習しています。

九月に、三十問二分を目標に、足し算カードと引き算カードの練習が始まりました。家庭の協力の下に毎日練習した結果を教師に提出するのでした。始めの頃、ほとんどの子供は三分以上かかり、遅い子の中には五分、七分という子供もいました。それが、十二月にはほとんどの子供が二分以内、三分以上かかる子は二、三人しかいなくなりました。二月になった頃、ほとんどの子供は一分をきるようになりました。毎日その子に合わせたスピードで自分の過去の結果との競争をしていく中で、成就感や達成感を味わっていく学習の積み重ねのすごさを感じます。

小・中学校時代の繰り返すことによる習熟が、意識しない間に力になり、必要なときには使ったり表現できたりすること、どんなに持てる力も磨かずば光らないことを子供たちに伝えながら、楽しく学習し学力をつけていきたいものです。

人間の価値の基準

四年生のクラスで道徳の授業をしました。

おもいやり・親切の行為の底にあるのは、相手の人間性を受容できることなのだと思います。そして、人間性を受容できるできないは、人間観によるところが大きいものです。

できるできない・上手下手等、人間を見かけの優劣で判断することの多い社会の中で育ってきている子供たちに、優劣を越えた人間の価値に目を向けさせたいと思いました。それを、障害のある子、特に知的障害のある子供の理解の視点からとりあげることにしました。

我が校にも特殊学級があり交流もしているとはいえ、意識面からの教育も必要です。知的障害は、周囲の人に理解されにくく、受容されにくいところがあります。それは、障害が目に見えなく、できないことが多いため普通より劣って見えることが多く、障害のある子がもっている人間としてのよさに気付いてもらえないことが多いからです。障害のある子を理解することは、本質的な人間理解につながり、人間観の形成につながることになるはずです。

仙台市内の特殊学級担任杉肇子先生の、次のような創作資料を使用しました。

《 しんちゃんのノート

「たけちゃーん　たけちゃーん　あとぼう　なああとぼ」

またた……。しんいちのやつ。あとぼだってさ……。

学校の帰り道、いつもしんいちはぼくのあとをついてくる。

「しんちゃん　鼻水　出てるぞ　シャツも出てるぞ　ちゃんとしろよな」

そういうと、ぼくは急ぎ足で、しんいちの横をすりぬけ、走り出す。

「まってよー　たけちゃーん」

しんいちは、ズボンのすそにあわててシャツを入れながら、ぼくを追いかけてくる。


しんいちは、ぼくと同じマンションに住んでいる子。ちいさい時から、いっしょにあそんでいた子。ぼくと同じ四年生の子。でも、ちょっと変わってる子なんだ。四年生になっても砂場で一日中遊んでいたり、話だってよくわかんないこと言うし……。数も数えられない……。おまけに、おやつをぼろぼろこぼすし……。

だから、ぼくとはちがう子……。

ぼくは、カギっ子だから、ちいさいころからよくしんいちの家で、母さんが帰ってくるまでいさせてもらっていたんだ。でも、しんいちの家には、ファミコンはないし……。ぼくの好きなものなんて一つもないんだ。あるのは、ブロックとかパズルとか子供っぽいものばかり……。このごろは、ほとんどしんいちの家には行っていない。

しんいちのかあさんは、「たけしちゃんありがとね。いつもしんちゃんと遊んでくれて……。これからもずっと遊んでやってね。」っていうけどさ、しんいちといっしょにいると頭悪くなるようで、いやなんだよなあ。

ぼくのかあさんは、「しんちゃんたらかわいいのよ。このあいだしんちゃんちにかいらんばんをもっていったら『ありがと』っていってたわよ。」なんてさ……。「ありがとう」だって……。当たり前じゃないか。


「たけちゃーん　まってよー　あとぼ」まただ……。

こんな時だけ足がはやいんだよな。

「わかった　わかった　しんちゃん。ほら、ティッシュで鼻かめよ。」

「えへへ、おまえらなかいいんだなあ。たけちゃーん　しんちゃーんって　ハハハ」

同じクラスのあつしたちが、後ろから追い越してこういった。

「サッカーさそおうとおもったけど　二人のじゃましちゃわるいから行こう　行こう」なんだよ　いつもはさそってくれるのに。あつしたち……。

しんいちがいっしょにいたからなのか？

二人が空き地を通りかかったときだった。空き地には、小屋のようなレンタルトイレがぽつんと一つたっていた。工事中とはり紙はしてあるけれど、作業をしている人はだれもいない。ぼくは、走っていってトイレのドアを開けた。底は、洋式トイレで、けっこうきれいだった。そうだ……。

「しんちゃん　かくれんぼしよう」

「うん　あとぼ」

「いいか　しんちゃんがおにだぞ。ここにすわってな　百まで数えたら出てくるんだぞ。わかんなくなったらいいか　しんちゃんのノートに一・二・三……。ってかくんだぞ。それまでぜったいに出ちゃだめだぞ。」

「うん分かった。百までだね。」

「そうだ　じゃあしめるよ。」

ぼくは、ドアをしめるやいなや、いちもくさんにかけだした。うしろでちいさく「いち・にい・さん……。」としんいちの声が響いていた。

夕方遅く、しんいちのおばさんがたずねてきた。

「たけちゃん　うちのしんいちみかけなかった？　まだ帰ってこないのよ。この頃一人でいろんなところへ行くようになって大変なの……。」

ぼくは、思わず「トイレ……」と言いそうなったが、代わりにぼくの口から出た言葉は……。

「しんちゃんとは　途中までいっしょに帰ったけど、ぼくはサッカーしに行ったから途中で別れたよ。」

「そうなの。ありがとう。」おばさんは、ひきつった表情のままそう言って帰っていった。

途中、遠くの方でサイレンの音が響いている。布団に入ってもぼくはちっとも眠れなかった。

次の朝、母さんが「たけし、きのう、しんちゃん大変だったらしいのよ。しんちゃんのお母さんが、今やってきて、きのうしんちゃんが家に帰ってこなかったので、みんなで探し回ったって……。おまわりさんにも連絡して探して……。そしたらどこにいたと思う？　近くの空き地のトイレですって。こしをおろしたまま眠っていたそうよ。ご心配かけましたって、言っていたわ。さあ、学校おくれるわよ。早く起きなさい。」

学校へ行く道、ぼくはひたすらしんちゃんになんて言おうか、いいわけを考えていた。

「しんちゃん、おこりだすととまんないんだよな。あばれるし、泣くし……。きのうのこときっとおこっているだろうな……。それとも、ぼくといっしょだったこと　先生にもうばれてしまっているかも……。」

ところが、教室へ入るなり、しんちゃんはぼくをみつけると、笑顔でこういった。

「たけちゃん、ノート見て、これいっぱい……。いっぱい……。」

しんちゃんのノートには、百までぎっしりと数字が書いてあった。》

このお話をした後、わたしの教え子である知的障害の子供たちの子供の時や、大人になってからも努力して勉強したり、働いたりしている姿の紹介もしました。以下は子供たちの授業後の感想文です。子供たちの素直な心に感動させられました。

《なんだか、知的障害の人って信頼できないとバカにしていたのに、教頭先生といろいろなことを学んで、今は信頼できるんだと思えるようになりました。バカにしていたのもなくなって、すごいなあと思えることがあるのも分かりました。今日、先生と学んだことはとってもよかった。私の心をかえてくれました。》

《私は、目も見えるし、耳も聞こえる。言葉も体も思い通り動く体をおかあさんからもらった。教頭先生が言っていたように、知的障害の子も体や脳がちょっとちがうだけ。私は、一所懸命努力して働いている知的障害の人たちを尊敬する。人生を楽しむのに不便も有るけれど楽しいって思えることもあると思う。今の時代いじめとかがつらくて「自殺」とかするけれど、それは障害を持っている人に失礼だとも思った。せっかく障害もないのに……。障害を持っている人たちは、好きでそういう体に産まれてきたわけじゃない。私も障害をもっていない人たちもみんな健康な体をさずかって「しあわせ」だと思う。》

《教頭先生に道徳の勉強で教えてもらっていろんなことが分かりました。しんちゃんは知的障害の子であまりはっきりとは、しゃべれないし、人とはちょっとちがうところがあるけれど、しんちゃんは約束を守るとかすぐ怒らないとかやさしい子だと思う。それにかくれんぼのとき、百まで数えてと言われて本当にがんばったことはすごい。やさしい、最後までやる子だと思いました。》

《健君は、知的障害の人たちは、健君より計算とかはできないけれど、やさしいし、いつも努力してがんばっているんだなあと思いました。言われたこともちゃんと守って、すごいなあとも思いました。たけしも、もうあんなこといわないで、これからもしんちゃんとなかよ

く遊ぶと思います。本当に『みんなちがってみんないい』と思いました。》

《わたしは、いつもテレビで障害をもった人をみるとなんだかいやだなあと思ってすぐにテレビを消してしまいます。でも、今日は教頭先生と道徳の授業をして思いました。障害をもった人は好きで障害をもったんじゃないのにイヤだなあと思うのは失礼だと思ったし、優しくしてあげるのが一番うれしいと思いました。

でも、私は優しくできて親切にしてあげられるか心配です。でも、勇気を持って声をかけてみたいです。たけちゃんはしんちゃんのことをまたか……と思っているみたいだけど、やさしくしてあげてもいいのになあと思いました。これから私は、いやだと思わないで優しく、親切にしていきたいと思います。》

《教頭先生に今日、知的障害の人のことを教わって、こういう人の気持が、結構よく分かりました。知的障害の人は、みんなとちょっと違っても思う気持は同じだと思う。しんちゃんはがんばって最後まで数えてすごくがんばりやだし、たけちゃんのいじわるをおこらないで本当にいい子です。

でも、たけちゃんの気持も分かります。

ぼくだって友達にばかにされると健君も、たぶんたけちゃんの気持になると思います。たぶんこれからたけちゃんとしんちゃんはいっしょに仲良く遊ぶと思います。》

人を受容する前提となる人間性の理解を、知的な障害のある子供の理解を通して行うことは意味があると思った私の想いが、子供たちに通じました。

どんな人間の中にもあるよさ（人間らしさ）、特に真心は、どの子の心にも響くのだと、改めて感動させられました。

卒業生に贈る言葉

この年の六年生は、いわゆる平和教育的な指導をされてきた学年でした。子供たちは、素直に平和が大事だと思っているのですが、最後にどうしても日本人の心を伝えておきたいと思い、授業をさせてもらいました。

私の一番古いと思われる記憶は、Ｂ２９が近付いてきたことを報せる空襲警報の音です。縁側《えんがわ》で遊んでいましたら、警報が聞こえリュックを背負った母が走ってきて、おやつの煎《い》り大豆の入ったミルクの缶を持たせた私を抱いて防空壕に入ったのでした。昭和二十年の初夏、北海道の名寄《なよろ》でのこと。二歳半くらいの頃の、私のただ一つの戦争の記憶です。ということは、学校の先生方の中にもう戦争の体験の話をできる人はほとんどいなくなってしまいました。と同時に、日本の国のすばらしい特性について語る人も少なくなってしまいました。

皆さんは、「平和」についていろんな角度から学習してきて、卒業式も「未来を創るのは私たち」をテーマに最後のまとめをしようとしています。この卒業の時期にあたり、是非とも感じてほしい私たち日本人の心の底に流れている「和」の心についてお話したいと思います。

「和」を辞書でひきますと《①おだやかなこと。なごやかなこと。のどかなこと　②仲良くすること　③あわせること。そろえること　④二つ以上の数を加えて得た答え　⑤（大和の国の意）日本。日本製・日本風》（『広辞苑』）とあります。

「和」、大きな和は日本の国の代名詞なのです。どうして日本の国は「大和」の国と呼ばれたのでしょう。それは、日本の建国の理想と関わってきます。

今年の元旦に、皆さんは学校の屋上で初日の出を拝みましたね（文部省の統計で朝日や夕日を見たことのない子供が四割近くもいたことを知りましたが、六年生は元旦の朝、遠くに海を望むことのできる本校の屋上で、初日の出を見たのでした）。「拝まなかったよ。見ただけ」と言った人も、二千年の夜明けが始まったという荘厳な気持で初日を眺めたと思います。拝むとは、すごいなあ、ありがたいなあという気持になって観ることです。

古代の日本人はこの世に一番幸せをもたらすものを「太陽」と感じていました。それで、日本の国の基《もと》を天照大御神《あまてらすおおみかみ》という神様の名で表しました。私たちのご先祖様、古代の日本人は、自分たちが感じた宇宙観や自然の法則や人間の生きる道を神様の名前や物語として表して語り継いできたのでした。この語り継いできた物語を神話といいます。

文字が日本の国で使われ始めたのは、千四百五十年前頃といわれていますので、それまでの千年以上もの間、次々に語り継いできたのでした。そして、今から千二百八十八年前（西暦七百十二年）に、語り継がれた物語を非常によく覚えていた稗田阿礼《ひえだのあれ》から太《おお》安万侶《やすまろ》が聞き取り文字に表してできたのが『古事記』です。

『古事記』は、この宇宙に地球も太陽も星もなかった大昔のことから始まります。

《天地《あめつち》の発《はじ》めの時、高天原に成りませる神の名《みな》は、天之御中主神《あめのみなかぬしのかみ》、次に高御産巣日神《たかみむすびのかみ》、

次に神産巣日神《かみむすびのかみ》……》

とすべて神様の名前で書かれています。高御産巣日神さまは、木の種を宇宙とします と、その種の中に一杯にみちている生命のことです。種を地面にまきますと、根は土を 分け大地にしっかりと根を張っていきます。この働きを高御産巣日神さまの名で表され、 根の力に従って地面の上に芽を伸ばし、枝を伸ばし、葉を茂らせていく働きを神産巣日 神さまの名で表されています。

天之御中主神さまは、一人一人の人間が主人公となって自由に創造の喜びを味わうこ とのできる世界を造りたいと思われて、そのお仕事を伊邪那岐《いざなぎ》・伊耶那美命《いざなみのみこと》の二人の神 様にお願いすることにしました。二人の神様はまごころ尽くして雄大な宇宙を創ってい きました。そして、最後に淤能碁呂嶋《おのごろじま》（地球）が生うまれました。淤能碁呂嶋とは自転 する島のことです。日本人の祖先は三千年以上も前から地球が自転していることを感じ ていたのです。古代人は、今のように物質文明に毒されていませんでしたので、清らか な明るい豊かな感性で、自然の力を真っすぐにとらえることができたのだと思います。

ところで、日本の国の歳は何歳か知っていますか？　そう、卑弥呼のことや大化の改 新のことは習いましたが、日本の国の誕生については教科書にはありませんので、ほとんどの人は知らないと思います。

日本は今年は丁度二千六百六十歳です。西暦より六百六十年前に日本の国が誕生したのです。そのことは、『古事記』とその少し後に編纂《へんさん》された『日本書紀』に詳しく書かれているのですが、神武天皇が奈良の橿原《かしはら》の地に大和の国を開いたのでした。その時に、建国の理想としたのが、「人類は全部兄弟・姉妹であり、世界中が一つの家族である」という精神でした。これこそが「大和」の心です。そしてこの理想を実現するためのシンボルとして天照大神から授けられた「三種の神器」を皇位の御印しとして今に受け継がれてきました。「三種の神器」は私心のない神の慈愛（勾玉《まがたま》）と叡智（鏡）と勇気（剣）を現しています。勇気の象徴の剣は、諸刃《もろは》の剣です。諸刃というのは、自分に都合の悪い悪を切るのではなく、私心のない神の道理に対しての悪を切るということで、自分が間違っていれば自分をも切ることになるという公平さを表しています。

「和」の漢字は「ノギ扁」に「口」と書きます。ノギは米のモミのについているトゲです。ノギは口に入れると痛いのでとても飲み込むことはできません。しかし、「和」は「ノギ」を「口」にしそれを飲み込むことだとも言います。何かいやなこと、気に入らないことが起こったとき、自分の責任で解決しようとせずに、他人のせいにしようとする時、争いが起きてしまいます。「和」の根底には、いやなことも自分の責任で飲み込む勇気や度量が必要なのです。

「平和」は、過去や他人を非難することからは生まれません。自分の責任で、慈愛と知恵と勇気をもって、自分の今できることから学び行動していくことから始まるのです。

小学校六年間の最後に日本人の心の底に流れている「大和」の心に、そして魂のふるさとの『古事記』の存在に気づいてほしいと思い話させてもらいました。

第三章　みんなちがってみんないい

どの子も主体的に行動できる

学芸会

芸術の秋、我が校でも学芸会が行われました。各学年とも子供も先生も完全燃焼しますので、発表の舞台は、それなりの感動があります。今年の学芸会もいくつかの感動物語がありました。その中でも、すばらしい感動を与えてくれたのは特殊学級の劇でした。

情緒障害学級自閉症児の一年生の翔君、知的障害学級の二年生の功君と昌君、三年生の智君、五年生の卓君、それに五年生章子さんの六人の子供達で「あなにおちたぞう」という劇をしたのでした。（名前はすべて仮名）

担任の先生は、六人の子供達がそれぞれ活躍できるせりふや場面のある脚本を作りました。子供達は、ことばの繰り返しが大好きです。繰り返しをうまく生かしたせりふで構成してあります。

大きな象が散歩をしていたら、深い穴に落ちてしまいました。一人で出ることはできません。「**たすけてくれ！**」という声を聞きつけて、まず、さるが象を助けようとしますが、大きな象を一人で引っ張り上げることができません。「**どうしよう？**」「**そうだ、きつねくんをよぼう。きつねくーん**」（この三つのせりふがせりふの基本になっています）

このパターンで、さる—きつね—かば—さい、と出てきて象君の鼻を引っ張って助け出そうとするのですが、重い象を助け出すことができません。そこへ、蜂が登場し、石を入れればいいことを教えてくれます。

「**そうか**」さるが石を入れます。「**もっと大きいのだよ**」。「**そうか**」きつねが石を入れます。「**もっともっと大きいのだよ**」。「**そうか**」かばが石を入れます。「**もっともっともーっと大きいのだよ**」「**そうか**」さいが石を入れます。積み上げた石を登って象が穴から出てきます。ところが象の鼻はみんなに引っ張られて長く長くなってしまっていました。その鼻を蜂がチクリとさして元通り、めでたしめでたしというわけです。

五年生の有志の子供達がゲスト出演してくれますので、ダブルキャストにして、手を繋いで舞台に立たせることを特殊学級担任は、考えていました。

特殊学級の子供達も他の子供達と同じように、学芸会の目的は、「自分の力で課題をもって学習し、できたという成就感・達成感を味わう」こと。それが自信につながり、自尊感情を育てることになるのだと思います。劇が上手にできあがることは結果として好ましいことですが、子供の主体的な活動を奪ってまで求めることではないはずです。担任にダブルキャストのメリット・デメリットを考えてもらいました。担任は、私の意図を理解してくれて、ダブルキャストを止め、子供達の力を信じて、一人一人の子供に役を任せきって劇に取り組んでくれることになりました。

練習が始まって一週間ほどして、担任の先生が「思いの外練習にのって、全部のせりふを覚えて、張り切って取り組んでいるのはきつね役の翔君です。象の卓君はまずまず、かばの功君は自分の役を把握して練習しているけれど、さるの昌君と、さいの智くんと、はちの章子さんは、せりふを覚えるのは無理かも知れません。三人は自分がどこで何をし、言ったらいいのか全然分からないのです」と言うのです。

私は「まだ二週間もあるわ。毎日繰り返して練習している間に、葛湯《くずゆ》でくずが固まるときのようにせりふが口をついて出てくるはずだから、信じて指導を貫いて」と言っておりました。

そして、学芸会児童公開の日、六人の子供達は、それぞれの持ち場を守って立派に自分の役をこなしました。特にきつねの翔君は、全員の役割を把握していて、石を入れるときなどリーダーのようになって、自分一人ではなかなか動く場所を決めかねている智くんを手伝って協力して石を運ぶ姿を自然に演じるなど、大活躍でした。蜂の章子さんの「もっと」が増えていくせりふも、間違いなくいうことができました。子供達の持ち場を守りきった演技に、観客の子供達や先生方も大喝采でした。

しかし父母公開当日、きつね役の翔君は、朝から調子が良くありません。何かに不安なのです。いよいよ自分たちの番が近づいてきたとき、「狐は、終わりです。翔君にもどりました」と泣きながら訴え、舞台に出ようとしなくなりました。それでも担任は彼を舞台の袖まで連れてきたのですが、自分の番で泣きながら舞台に走り出たまま観客席に飛び降りてしまいました。そのとき、さるの昌君が、自分のせりふは終わっていたのですが、きつねが舞台を下りてしまうと、「きつね君行っちゃった。どうしよう。

そうだかば君を呼ぼう」とアドリブのせりふも入れてきつねのせりふをしっかり言ったのです。その後は五人の子供達がきつねの居ないのをカバーして、蜂役の章子さんも「もっと大きいのだよ」のせりふを抜かして、しっかり劇の流れを作り上げてくれました。なかなか聞こえる声でせりふの言えなかった智君も初めて大きな声で言えました。

担任は「すごい、すごい、感激です。子供達の計り知れない底力に感動しました。子供を信じ切るって、こんなすばらしい結果を産むのですね。翔君も児童公開で燃焼し尽くしたのを、大人の都合でもう一度演じさせようとしたところに無理があったのだと思います。それを含めて、どの子も主体的に行動できるのだということを信じることができるようになりました」と言ってくれました。

本来、知的障害があろうとなかろうと、人間誰でもが、主体的に生きることができる存在であるのです。

心のキャッチボール

転勤により学校が変わり、子供たちとの新しい楽しい出会いがまたまた始まりました。

二年生の自閉症の潤君は、初めて私が教室に遊びに行ったとき「いやだ、帰れ！　帰れ！」と言って自分は机の下に隠れてしまいました。二度目の時も同じようでした。授業中でしたので、じゃまになってはいけないと思い、すぐに教室を出てきました。三回目は、担任の都合で一時間だけ自閉症児三人とで算数の学習をすることになっていました。同じように第一声は「いやだ」コールでした。そしてまた、机の下にもぐってしまいました。

こんな時、子供の気持に添うとはどんなことでしょうか。「いやだ、帰れ！」の言葉通りに私がいなくなることが子供の気持に添うことにならないことは、明らかなのですが、往々にして子供の口から発する言葉をそのままその子の気持だと錯覚してしまうことがあるものです。

潤君が必要以上に私に反応するのは、少なくとも私に関心がある証拠です。どんな子でも関心のない人や物や事に対しては特別なリアクションがないのが普通です。子供が教師に対して特別なリアクションをするときは大抵、自分の存在そのものを認めてほしいと思っているものです。潤君が私に必要以上のリアクションをするのは、私の彼に対する関心の薄さにあったのかもしれません。

実は、特殊学級には、十人の子供たちがいるのですが、すぐ外に飛び出していく自閉症児のT君、車いすのM君、S君、ダウン症児のY君等、自然に気持が引きつけられてしまう障害のはっきりしている子供たちがたくさんいるのです。その中で自閉的な傾向があるものの、会話が成立し普段の生活の中で教師の指示にある程度従うことのできる潤君のことは何かないとどうしても気持が後まわしになってしまいがちです。そんな私の自覚していない気持をキャッチしてのことであったのかもしれません。

とにかくこの日は一時間、指導をまかされていましたので、一時間かけてラポートをとることができるいいチャンスでした。

担任の先生は、三人の子供にそれぞれ課題のプリントを出してくれていました。他の二人はすぐに担任が机の上に出していったプリントに名前を書き、答えを書き始めました。「潤君もプリントしようか」と言うと、「嫌い」と言って、机の下から出て、大きな箱の中に入ってしまいました。箱の中に潜っては時折、私がちゃんと自分の存在を忘れずにいてくれているかどうかを探るかのようにそっとのぞいて、私と目が合いにこりとすると安心してまたもぐってしまい、目が合わないと「いやだ、帰れ！」「嫌い」の声を出します。そして今度は机のすぐそばまで箱を持って来て、また同じことを繰り返し始めました。

初めから私が口にする言葉は一貫して「潤君と一緒に勉強したいな」と「潤君大好き」の二言だけです。

潤君とは、

「いやだ、帰れ！」

「先生、潤君と一緒に勉強したいな」

「嫌い」

「先生、潤君大好き」

他の二人の子供たちと算数の課題を学習しながら、これらの言葉を何回繰り返したでしょうか。私は、他の二人の子供たちとの課題が終わったら潤君と何をして遊ぼうかと考えながらも、他の二人に関わっているうちに残り時間が十分ほどになってしまいました。やっと二人に一人はパソコン、一人はお絵描きをしていいことを指示して、

「さあ、潤君とやっと遊べる、うれしいなあ」

と言うと、なんと黙って箱から出て、自分の机にもどり、出されていた課題のプリントを黙って書き始めました。そして、どんどん問題を解いていきました。私は「すごい！　潤君分かるね」を連発しながら彼が問題を解くのをながめていました。やり終わって丸を付け百点を書いてあげると満足そうににこにこしていました。

それで潤君と私とのバトルはおしまいでした。それから以降は全く普通の関係になってい

ました。廊下で会ってもにこにこしてくれますし、教室に行っても他の子供たちと全く同じで特別なこともなく、勿論「きらい」も「嫌だ、帰れ」ももう聞かれなくなってしまいました。たまたま別の学校の教務主任が、ほとんど同じような時期に、自閉症の子との同じような体験をした話をしていました。新学期の新しい出会いの中で起きる試しのキャッチボールです。

自閉症のような子供の場合ですと、大変分かりやすいのですが、どんな子供も実は同じなのです。特に自分が好きな人、愛している人、大事だと思っている人には、自分の存在を無条件で認めてほしいし、愛してほしいのですから、それが信じられないとき、気持とは別な言葉を敢えて口にするのです。

「おまえなんか嫌いだ」「おめいなんか、死んじまえ〜」と言う子供が、本当にそう思っているなどと考えてしまうとしたら、教師として親として浅はかです。

子供の心に添うとは、表面的な言葉に添うのではなく、その陰に隠れた本当の心に気づいてあげることなのです。

子供の投げた言葉や態度でのキャッチボールを直球だろうと変化球だろうとしっかりと受け止めてあげることのできる大人になりたいものだと思います。

ポジティブ・シンキング

情緒障害学級で

「ポジティブ・シンキング」最近、特にスポーツ界でよく耳にするようになってきましたが、英語を使うまでもなく、プラス思考、肯定的思考のことです。

この考え方で、子供たちを見つめていきますと、子供たちの内在する力の素晴らしさに気付かされます。

稔君（仮名）は、自閉的傾向のある子供です。学習能力は低くはないのですが、変化を嫌い、さまざまなこだわりがあり、他の子供達とのかかわりが下手で、ちょっとしたことでパニックを起こしてしまいます。一年生の時には、いやなことがあると教室を飛び出したりパニックを起こしたりすることが多く授業が成立しないことが頻繁《ひんぱん》にありました。二年生からは情緒障害特殊学級を新設して、稔君はそこに在籍して学習することになりました。学級が設置されると担任が配置されますので、個別指導も可能になります。

最近、この子に似た子供たちの存在をよく耳にするようになりました。高機能自閉症とか高機能広汎性発達障害とかアスペルガー症候群とか注意欠陥多動障害とか学習障害と診断名のつけられた子供たちが、うまく学校において適応できずに、本人も教師もどうしたらスムーズに生活できるのか分からずに苦慮しているのです。

ここで紹介するのは、仙台市の特殊教育の研修会で発表された事例ですが、子供の何を見つめて指導に当たるのが大切なのかを教えてくれています。

稔君は、情緒障害学級における指導のお蔭で、少しずつ自分をとりもどし、安定した学校生活をおくることができるようになってきたのでした。

始業式の次の日、情緒障害学級の開級式が行われました。お母さんや校長・教頭先生の他、二年生の子供達や先生方が、大勢駆けつけてくださり、温かい雰囲気の中で開級式が進んでいきました。式の中で二年生の子供達が児童会の歌を歌ってくれたりするのを稔君は照れくさそうにしながらも嬉しそうに座っていました。

担任が、ドラえもんのペープサート（表裏の紙に棒ではさんで作る平面の紙人形）を使って「稔君の好きなものはなあに？」とたずね、稔君がそれに答えた直後のこと、その答えを聞いた参加者が思わず笑ってしまいました。嘲笑ではなくほほえましさから発した笑いだったのですが、稔君はその違いを感じ取れずに、「笑うな！　しつれいだぞ！」と顔を真っ赤にして怒ってしまいました。担任も、参加者も稔君の誤解を解こうと話して聞かせようとしたのですが、一度激した感情をなかなか静めることができませんでした。

稔君は、知的な障害があるわけではありませんので、学年の学習内容で概ね学習することができます。しかし、国語と算数は一斉指導の中で同じ導入やペースで学習を進めることは困難も多いので特殊学級で個別指導をし、他は通常の学級での生活をしていました。

稔君は生活や状況が変化することが大変嫌いでした。

行事などで普段の生活リズムが変わることが予想されるときにはなるべく早くから予告して心の準備をさせました。また、特別なことのためには準備やまとめが必要なことを作業など経験を通して理解させていきました。さらに、予期せぬことが起こった時には、パニックを起こすのではなく「代わりの解決策」を一緒に考えて、納得できる形で処理した方がいいことを経験させていきました。

ある日、稔君がだらだらとおしゃべりを続けて学習の後に聞く予定にしていた音楽を聴くことができなくなってしまいパニックを起こしかけました。その時彼は、自分で代わりの解決策を考えて、「家にテープをもって帰っていいですか」と聞いて気持を納めることができたのでした。

　また、うまくできないかもしれないと思えることには、大声で拒絶するなど取り組もうとしないこともよくありました。まず小さなことでも自信を持たせることが大切だと思った担任は、個別指導の時間に少しずつ取り組ませる工夫をしていきました。

　例えば、稔君は縄跳びは跳べないと思っているのでやろうとしませんでした。無理無理させるのではなく、跳び縄を手に自然に持って前回しの形を作るゲームをしました。そして、前回しに手の動作を自由にしているのを意識させるように「稔君なわとびの手の回し方上手ね。そのまま跳び上がればなわとび跳べちゃうね。」と声をかけました。そして縄をクルーンと回してポンと跳ぶ動作ができるようになりました。

次はその動作を続けてできるように、回数への挑戦です。続けて十回、二十回と跳びたくなるような雰囲気を作って遊んでいる内に、いつのまにか前回し跳びができるようになったのでした。

　三年生になって学習するリコーダーも始めから「できない」と言ってやろうとしません。まず指は使わずに音

がでることをほめながらリズム遊びをしました。それから、一番指使いの易しいソの音を出せたことをほめ、次にラとシの三音を使った曲を吹くことができるようにするなど細かいステップで学習していくうちに、リコーダーが大好きになってしまいました。

大好きになってしまいさえすれば、少し困難な課題にも食いついてくることができます。「できないからやらない」と思っている子供はできさえすれば抵抗はとれてしまうものです。できるようになりたいという思いも人一倍強いのですから、いざできると簡単に大好きになるものです。

「指導の過程を細かくし、今できることを認めながら次の目当てに挑戦させる」という、学習のつまずきを解決する指導法の定石を文字通り実践したのでした。

稔君は、更に「友達と積極的に関わろうとしないこと」「体を使うことを嫌がること」「言葉遣いが乱暴なこと」など、できれば内在している力を出せるように指導したい課題を次々に克服しているのです。

二年生になった稔君は、人物を描くことにも抵抗を持っていました。一年生の時は、一枚も人物の絵を描かなかったそうです。

担任の先生は、少しずつ人を描くことに慣れさせようと思いました。人物以外の物は描くことができる稔くんでしたので始めは、簡単な人物の絵を真似て描かせてみました。見て描いた顔・目・口・鼻・耳そして胴体・手足一つ一つが描かれていることをほめました。自分でもよく描けていると思えたようでした。

次の機会には、小さな鏡を見ながら顔を描くことをさせてみました。形のはっきりしている目を、まず目頭目尻とまぶたを意識させ、描く線を、それでいいと認めながら描いていきました。眉毛も鼻も手で触らせて、毛でできていることや骨があることなどを意識させました。顎の線なども頬から顎を触りながら線を感じさせてみました。一つ一つ描いた部分をほめられながら初めて描いた自分の顔の絵は、大変心のこもった絵になっていました。しっかりと自分の目で確かめながら、納得しながら描いたものは、上手下手を超えてその人らしいエネルギーや特色が感じられるものです。担任も心からほめましたが、その絵を見た他の先生方もほめてくださいました。二学期には、海で遊んだ後の絵に五人の子供たちが描かれました。

人と積極的に関われないことも課題でした。しかし、担任は稔君が人に興味がない訳ではなさそうだと思いました。遊びのルールがすぐには分からなかったり、自分から声をかけることができないのです。それで、特殊学級の小集団の中で声をかけ合うことに慣れさせていきました。具体的に声のかけ方を教え、声をかけることによって遊びの輪に入ることができ、その楽しさを味わわせていきました。少人数の健常児の中でも同様に関わり方を教えると共に、周りの子供たちにも稔君と関わるときのペースを知らせていく中で、次第に仲間との関わり方が向上していったのでした。

　疲れることやめんどうなことをやろうとしないことも稔君の課題でした。校外学習の時など稔君はいつも友達より大きく遅れてしまうのでした。

　二年生になったとき、大変いいライバルが現れました。同学年の洋君が入級してきたのです。洋君は小さいときからよく両親と長い距離を歩いていましたので脚力・持久力が抜群でした。なんでもこつこつと取り組む洋君の存在は稔君にいい影響を与えていくのでした。自分の方が洋君より何でもできると思っていますしプライドもあって、歩くことでも走ることでも自分が洋君より劣っていることを認めたがりませんでした。担任は、稔君には体力が無いと言うことは言わないようにしながらも、洋君が体力をつくる努力を嫌がらないことをほめ、二人には体も頭も使っただけ力になっていくことを話し続けていきました。そして、九月の始め、仙台の子供たちが必ず五年生で登る泉ヶ岳（一一七二メートル）の中腹まで二人を登らせることを計画しました。案の定、洋君はひょいひょいと登っていき、稔君は後ろに従《つ》いていくのがやっとでした。この経験は稔君に「体力」という言葉の持つ意味に気づかせたようでした。「体力」「腕の力」「足の力」などの言葉に敏感に反応するようになり、マラソンをしたり、重い荷物を持ったりする事に文句を言わないようになりました。そして、その姿をほめ認めているうちに、学習面でも、漢字や計算などこつこつと取り組むことを以前ほど嫌がらなくなっていきました。そして、洋君のよさを認めるようにもなってきました。

稔君の言葉が乱暴なことも、頭痛の種でした。自分が王様になりたいと思っている稔君は、偉そうな言い回しを日常的にするのでした。

「こんなことやってられるか」「おまえがやればいいだろう」は毎日のように聞く言葉でした。

二年生の二学期も終わりの頃でした。担任が稔君に同じような言い方で話しかけてみました。

「おまえがやればいいだろう」

稔君はとてもびっくりした顔をしました。言われてどう思ったか聞いてみるといやだったと言うのでした。「先生もイヤなんだよ」と言うと、またびっくりした顔をするのでした。

そして、「じゃ、どう言えばいいんだ?」と聞いてきたので、今度は担任の方がびっくりしてしまいました。正しい言い方を教えると「ふうん」と言ってしばらく黙っていました。そして、まるっきり違う話を始めてしまいましたので、本当に分かったのかどうか半信半疑でした。

しかし、その後また似たような言い方をした時に、「その言い方嫌だな」と言いますと、少し考えて言い直したのでした。それからは、完全にではないにしても、指摘されれば言い直すことができるようになりました。教師との関係で言葉遣いが変わってきますと、洋君に対しての乱暴な言葉が減り、洋君のことを考えながらの行動がとれるようになってきました。

担任の先生は、乱暴な言葉遣いに気づかせることをもっと早くしてあげれば良かったと言うのですが、果たしてどうでしょうか？

指導の方法だけを知って真似をしても良い結果の得られないことが往々にしてあります。この担任の先生が稔君の人間としての全成長に関わる中で、稔君が自分自身の成長や力に気づき、自分自身を認めることができるようになり、存在への自信が出てきた時期だったからこそ、稔君の心に響いたのだと思います。

どんな子供に対しても、指導者がその子の本来持っているよさを信じきれる時に、指導の手だてが出てくると思うのです。

できることを大事にしながら

恵ちゃんは、ＡＤＨＤ（注意欠陥多動障害）ではないかと言われてきました。保育所時代、多動であり集中困難で、遊びの輪に入ることができず、なかなかみんなと一緒の活動をすることができませんでした。少しみんなと同じ活動ができたかと思うと、気持が疲れてしまうのか、それを癒すかのように自由行動の時間や場がほしくなって、所長さんや担任外の保母さんとゆったり時間を過ごすのでした。新しいことや新しい場面にはなかなか参加したがりません。また、自分の要求は一方的に話すことはできるのですが、会話が噛み合うようには成立しません。しかし、絵本や物語が大好きで、物語の内容を理解し共感することができました。

そんな恵ちゃんが小学校に入学する時期を迎えました。通常の学級での生活や学習は、特別な配慮なしでは誰が見ても無理そうに見えました。御両親は、通常の学級の中で特別な配慮ある指導を受けることのできる指導を、公教育の中で受けることができないものかと思われました。「これだけ、物語の内容を理解し、楽しむことのできる子供が、知的遅れのあるはずはない」との信念の下に、学校や教育委員会に何度も足を運ばれました。

幸いなことに、恵ちゃんは通常の学級で生活しながら、個別な指導も受けることのできる学校に入学することができました。

入学以来三年間の指導担当の先生方は、一貫して恵ちゃんの得手な力を恵ちゃんの能力と見てきました。まず、できることを大事にし、それを広げ、強化することを指導の中核に据えて指導してきたのです。ことばの教室でコミュニケーションに関わる指導や補習指導を受けながら、通常の学級でチームティーチングによる指導も取り入れ、特に友達の中で成功感や成就感を味わうことのできる場面をできるだけ作ることを配慮しながらきました。

そして、四年生になった現在も特別なサポートを受けながらも、子供たちの中で一緒にできることが増えて、行動も集中力も自分でかなりコントロールできるようになってきて、四年生の学習をしているのです。

学習障害

直樹君は、止まり木症候群と言われたことのある子供でした。どこに心の拠り所を持っているのか分からないような多動で集中困難で、粗野で粗暴に見え、家庭でも学校でもトラブルメーカーと言ってもいいような存在でした。初めに入学した学校では、友達とのトラブルの多さに教師も親も閉口し、本人も自信を失って更に攻撃的になってきた姿に、二年生になる時期に思い切って転校させました。しかし、次の学校でも同じような様子が見えてきて、両親は通常の学級の中で生活しながらも、特別に配慮ある指導を受けることのできる学校を探し、教育委員会にも何度も足を運びました。その結果、納得できる学校に二年生の二学期から転校することができました。その学校では、直樹君のアンバランスな能力の内でも、学年相応に発達している力を大事に育てることに力を入れてくれました。

まず、視覚的な認知力が聴覚的な認知力よりすぐれていることに注目し、教材の視覚化を図りました。特に算数では、視覚的な手で操作できる教材を作り、時間的にも直樹君のペースで学習させることにより、どんどん集中力がつき、思考力や判断力も増し、計算力もついてきました。

例えば、四年生の時、聴覚的な認知力や記憶が劣る直樹君は九九算がしっかり定着していませんでしたので、分数の通分を数字で始めからさせようとしますと意味が分からずに全くできない様子を示してしまいます。それで、通分のための分数タイルを開発し、数字を使わないで通分をタイル操作でさせました。直樹君は、自分で工夫しながらタイルでの通分操作に習熟し、それに数字をあてることによって、通分が理解できるようになりました。九九は全部暗記していませんので、九九表は常に傍《かたわ》らに置いてあります。二年生の九九が全部できなければ、通分は学習できないと思い込んでしまうと、四年生の学習はストップしてしまいますが、覚えていない九九にひっかかることなく、算数で大事な思考を大事にしていくうちに学習が成立し、九九もかなり覚えてきました。

このような学習をことばの教室において個別指導で学習したり、通常の学級でチームティーチングで指導したりしました。特に通常の学級の中では、できるようになった姿を友達との学習の中で友達にも認めてもらいながら、自信をもてる機会を、積極的につくるような指導を重ねてきました。

自信をとりもどすにつれて、行動のまとまりが出てくるもので、三年・四年・五年とだんだん友達とのトラブルが減ってきて、六年生の今、学習も友達の中で一緒にできることがとても多くなってきています。

学校中の先生方が皆、直樹君の発達をプラス思考でとらえてくださり応援してくださったことは、何よりありがたいことでした。

こんなこともありました。彼が、四年生になって放送委員になった時のある放課後、いつ

ものお帰りの放送が、
「げー・こー・うー・じー・こー・くー・にー・なー・りー・まー・しー・たー……」
といつになく変なたどたどしさで流れてくるのでした。それぞれの場所でその放送を聞いていた先生方は、「あっ、直樹君の声だ！」と思ったまま、固唾《かたず》を飲んで聞いていました。「直樹君いつもの数倍の長い長い放送が終わった後、学校中に歓声が沸き上がりました。「直樹君やったね！」の歓声です。一人として、あんな下手な放送をさせるとは……などと言い出す先生はいませんでした。

それからです。直樹君は、文字を積極的に読もうとするようになったのです。それまで、本を読んでもらうことは好きになってきていた直樹君でしたが、自分は文字が読めないと思い込んでいましたので、ひらがなを覚えてはいたのですが、積極的に文字を読もうとはしなかったのでした。

おしゃべりだけは、はやくから人に負けないほど上手な直樹君でしたので、勿論、すぐに放送委員として名アナウンスぶりを発揮するようになりました。

こんな学校本当にあるのかなあーなどと思われる方がいらっしゃるかも知れませんが、二例とも私もよく関わらせていただいている仙台のある学校の事例です。

先生方だって捨てたものではありません。特に直樹君の放課後の放送のような場面に出会ったなら、どの学校でも、ほとんどの先生方が同じように歓びの声をあげると思うのです。ポジティブ・シンキングの流れは、今あちこちの学校の中でできつつあることを実感します。その流れのリーダーづくりをしてくれているのは、学習障害（ＬＤ・Learning Disabilities）の子供たちと関わっている先生方だと思います。

プラス思考で子供のよさを見つめていく時、どの子もその内在力を発揮してくるものです。

「風呂敷の原理」で

教師や親がプラスの思考でその子を見ようと努力するだけで子供はかなり救われるものです。

明君は少し変わった子供だと教師や友達から思われていました。皆と同じようにすることが良いのだ、大事なのだという目で明君を見ますと、このままでは駄目だと思ってしまうところのある子でした。

例えば、算数は嫌いらしく、算数の時間はどうしたことかぐうぐう寝てしまうのです。体育は、友達の男の子たちのように機敏に動いたり、かっこよく決めたりできず、遅いし、上手にできないので、できれば見学したりさぼったりしたくなります。興味のある内容の本は大好きで、人体や生理学のこと、またピラミッドのことなどは学者のような知識を持っています。更にある種の推理小説などは、読み出すと止めることができず、ついつい夜更かしをしてしまったりします。これが大学生なら、世間的にも当り前のように認められることかもしれませんが、小学五年生にとっては、少し変だと思われてもしかたないのかもしれません。

難しい本をどんどん読むことができるのに、漢字はかなり易しいと思われる字であっても書くことができないのでした。いつもなまけて練習をしないから、書けないのだと思われてきました。更に、忘れ物も多いので、教師からはメモ等書くことを強要されることが多いのでした。

また、教師の話を聞きながら、ときどきぶつぶつ何か口の中で言っていますので、変だから止めるようにとも注意され続けてきました。

しかし、親も教師も、明君のマイナス点を直そうとの指導からプラスを積極的に生かし認めていこうとのポジティブ・シンキング（プラス思考）の指導に切り替えることにしました。

まず、明君は聴覚的な記憶の良い子なのだから、ぶつぶつ口の中でつぶやいているのは、聴覚的なメモを取っている作業に違いないとその行為を認めることにしました。書くことを強要するのを止めて、「明君、君は今日から皆のようにノートにメモを取らなくてもいいよ。君は頭の中にメモを取ることができるという素晴らしい力を持っているね。つぶやくことは頭の中にメモをとっていることになるのだから、君の得意な力を充分に使いなさい。」と担任が言ってあげたのでした。その時、明君は「先生急に優しくなったね。僕の気持をよく分かってくれてうれしいなあ。」と言ったそうです。

また、担任も母親も、明君が漢字の練習が嫌いなので漢字が書けないという考え方を止め、文脈の中では難しい漢字もどんどん読めている事実を大事にすることにしました。漢字を目や手で練習させるのではなく、漢字の成り立ちや特徴を書いた辞典を買い与え、漢字の成り立ちや仕組みを読むおもしろさに気付かせることにしました。そして、その成り立ちのおもしろさを話そうとすることを、特に母親はできるだけ聞いてあげるようにしてくれました。

教師と母親が申し合わせたプラス思考の指導は、たったその二点だけでしたのに、それから三ヵ月たった頃、気が付いてみますと、明君は今までより漢字が書けるようになっていましたし、算数の時間に寝ることが全くなってしまったのでした。算数については、他に特別な援助の手立てをとったわけではなかったのですが、寝ることがなくなっただけではなく、テストも中位の点数を取れるようになってきたのでした。さらに、生活全体に活気が出てきて、委員会活動でも主体的な取り組みが見られるようになってきたのです。

「変わった子で、困った子だ」と、見ていたのを「変わった子だから、素晴らしい。変わったよさをそのまま認めよう」と、親と教師が観方を変えて、たった二点のことを申し合わせただけで、明君の様子にプラスの変化が現れてきたのです。

今まで学校教育は、平均的な力をつけることが指導の主眼に置かれているようなところがありましたので、落ち込んでいるところ、遅れているところを引き上げようとしてきていました。それは、子供たちを集団として見つめた場合にもそうでしたし、個人内能力差を見つめた時にしましてもそうでした。

故光永貞夫先生（鎌倉児童研究所長）がかつてよくお話くださった「風呂敷の原理」というおもしろい逸話がありました。テーブルの上にふわっと置かれた風呂敷は、高く盛り上がった所とテーブル面に接地した低い所があります。この風呂敷を頭の高さまで持ち上げようとする時、二つの持ち上げ方があります。
① 低い箇所をある程度まで持ち上げてそこが高くなってきたので手を放し、まだ低い箇所を持ち上げ直す。そこがある程度高くなったのでまた手を放し、更に低い箇所を持ち上げる。それを何度も何度も繰り返すが、ある程度の高さまで上がる箇所はできるもののいつま

で経っても、接地している低い箇所はなくならない。

② 一番高い箇所を持ち上げてどんどん上げて行く、そうすると何時の間にかテーブルに接地していた一番低かった箇所も次第に持ち上げられて、ある程度の高い位置まで上がってしまう。

さて、あなたは①、②のどちらの持ち上げ方をしたいと思いますか？ というのです。風呂敷を目の前に置いてなら、誰もが②のような持ち上げ方の方が、高いところはより高く、低いところもある程度高く持ち上がってしまうことが分かるだろうと思います。

しかし、これを子供の指導としてとらえたとき、②のようなプラス思考の指導を迷わずにできる人は少ないような気がします。

大抵の人は子供の劣っているところを早く持ち上げてあげたいと思うばかりに、低いところ、劣っているところを指導することに一所懸命になります。そして、その箇所が指導により少し上がってきたなあと思いますと、更に低いところが気になり出します。そして少し上がったところの指導から、低いところの指導へと目が移っていってしまいます。低いところを高くしようとの指導だけでは、いつまで経っても、その子の一生命としての総体が高まっていきにくいのです。

②のように、初めからその子の長所や得意とするところに大きく目を向けて、ほめ、認め指導し続けることにより、その長所や得意とする面が得手に帆を上げるようになると共に、不得意と見えたり短所と見えることにも自然に力がついてきて、何よりもその子の人間性全体が成長していくのです。

今、学校においても、そのことに目が向けられてきました。子供のプラスの面、その子のよさに目を向けて可能性を追求していく姿勢で指導にあたることの成果が少しずつながら実証されてきているのです。

その子の持っている特質や性格や能力を「駄目だと観てしまわない考え方」こそ、子供を生かすことのできる基本的な考え方です。しつけの面で子供の行為に対して「その行為はしては駄目な行為」と指導するときも、このポジティブ・シンキングに立ってしていきたいものです。

生命をみつめる

道徳の授業で

子供たちの感性は素晴らしい！　と、感動した授業にまた出会いました。我が校の五年生の道徳の授業のことです。

本校の肢体不自由学級には、脳性麻痺などの重い重複障害のある五年生の桂《かつら》ちゃんが在籍しています。桂ちゃんは座位が二〜三秒はできるのですが、通常は背もたれや上体支えのある椅子に坐っていて、日常生活の全てに介助を必要とします。

移動は車椅子、食事も経管栄養（管で鼻から栄養を胃に入れる）を伴っており自分の手で口へ物を運ぶことができません。排泄もおむつと定時排尿の状態です。未熟児網膜症でもありましたので、視力の障害もあります。周囲の状況や言葉はある程度分かり、にこにこ笑ったり、悲しい顔をして自分の気持を表現することができますが、言葉はないに等しいのです。

今の日本の学校制度の下では、桂ちゃんのような重度の重複障害児は、養護学校で教育を受けているのが普通ですが、桂ちゃんは縁あって四年生から我が校に転入してきました。縁あってというのは、本当にいくつもの困難な条件がクリアーされて、奇蹟的に我が校で桂ちゃんを引き受けることができるようになったのでした。

桂ちゃんは、他の子供たちに素敵なかかわりを体験させてくれて、いろいろと感じさせ、考えさせてくれる存在になっています。

五年生の子供たちとは、毎日の給食の時間に四人くらいの子供たちが教室に来てくれておしゃべりしながら過ごしたり、休憩時間に遊びにきてくれたり、音楽の時間や学校・学年行事等に参加したりなど、結構一緒の時間を過ごすことができています。

桂ちゃんは五年生の子供たちと一緒に行動することを大変喜んでいますし、五年生の子供たちも桂ちゃんとのかかわりを積極的にもとうとしている姿がうかがえています。しかし、更に桂ちゃんへの理解を深めながら、「生命のかけがえのなさ」や「力強く生きていこうとする力」や「自他の生命の尊重」など「生命に対する畏敬の念」について子供たちに考えさせたいと、道徳の時間に桂ちゃんの存在そのものを題材にした授業をすることを計画した先生がいました。

それで、桂ちゃんのお母さんにゲストティーチャーになっていただいて「桂ちゃんの生まれたときのこととその後の成長について」のお話をしていただくことになりました。桂ちゃんのお母さんのお話は素晴らしいお話で、子供たちは皆、感動の眼差しで聞いていました。要旨のみになりますが、お母さんのお話はおよそ次のようなものでした。

桂ちゃんの誕生と成長

《普通赤ちゃんはどのくらいの大きさで生まれるか知っていますか？　大体五十センチ、体重三千グラムくらいです。（人形を見せる）桂はこれくらい（小さい人形を見せる）八百グラム、普通の四分の一くらいでした。（「ちいさい！」の声があがる）

実は桂は双子の妹で、双子と分かったときにはとても嬉しくて楽しみにしていました。ところが、六ヵ月の時にお腹が苦しくなり破裂しそうになりました。そのとき桂はまだ小さかったのですが、このままでは母子三人とも危険だということで急に帝王切開をすることになりました。

手術は下半身麻酔でしたので、耳は聞こえます。「ミャーン」と子猫のような小さな産声が聞こえ、「よかった！　生きててくれた」と安心しました。

すぐに赤ちゃんには会えなかったけれど、張ってくる母乳を二人分だからとはりきって絞りました。ところが一週間後、大きかった姉の方は生まれたときに窒息して死んでしまったことを知らされました。ついこの間までおなかの中で動いていたのにと信じられず、悲しく落ち込んでただ泣いていました。心の傷はともかく手術の傷が治ると私だけが退院しました。

桂には、一週間に一回母乳を届けながら三十分の面会を、ガラスごしの遠くから目をこらしての面会でした。自分の子という実感もわかず、毎日死んだ子のことばかり考えて泣いていました。

ところが、三ヵ月後とうとう抱っこする日がきました。緊張して受け取った瞬間、胸がドキーンとしました。とても軽くて温かく、小さい目でじいっと私を見ていました。

桂は、今ここでしっかりと生きているんだ。今まで一人でがんばって生きてきたんだ！　とこの時私はやっと桂の命に気が付いたのでした。

二千五百グラムになると待ちに待った退院でした。しかし、ここからが大変でした。この子を死なせてはいけないという重圧で常に緊張していました。脳性麻痺の特徴でとても敏感で、新聞を開く音で驚き、軽く触ったつもりが痛がったり等、

いつも不機嫌でよく眠らないし、ミルクもうまく飲めなく、泣いてばかりいました。一日中目が放せず、抱っこしていないのは自分がトイレに行くときだけでした。命が助かって嬉しいのだけど、桂のせいで私は何もできない、と追い詰められる気持になっていきました。

十カ月の時、医者に「かなり重い障害が残るでしょう」と言われました。やっぱり、生まれる時あんなに大変だったから……、これから一生病気は治らないし、ずっとこうして生きていくのかと考えていたら、汗をいっぱいかいて泣いている声が「しんどいようー。でも生きたいようー」と言っているように聞こえてきました。その時「私も桂との人生を一緒に生きていく」と決心しました。

父親でもこの気持が重すぎて逃げ出してしまう人もいます。一緒にがんばれる夫で本当によかったと思っています。

桂は、今まで何度も危険な時がありましたが、いつも体全体で「生きたい」と訴えていたのです。こんなに小さい体なのに命って何だかすごいものだと少し恐ろしい感じさえします。桂は親にたくさん心配をかけながら「どんな命も等しく尊いんだよ」と教えてくれています。障害をもっている人はかわいそうなんでしょうか？　それとも障害と戦って克服する人が偉いんでしょうか？　私には、ただみんな「自分らしく生きたい」と思っていて、それはどんな人でも同じではないだろうかと思えます。だから、桂には桂らしい最高の生き方が必ずあるはずです。
これからも、桂の応援団長として一番近くで手助けしていきたいと思います。》
このお話を聞いた子供たちの反応がまた素晴らしいものでした。
《しんどいようー。でも生きたいようー、と心に聞こえたお母さんはすごい》
《一番近くで生きていくと言うお母さんすごい》
《桂ちゃんは、小さく生まれてきたけど自分で生きようとがんばってきた力はすごい》
《いのちってとっても尊いものに思えた》
《桂ちゃんは運がよかったんだ。そしてぼくも運がいい。だって生きているんだもの》
《あんな小さかった桂ちゃんががんばって生きてきてこんなに大きくなっている。命ってすごい》

《どのいのちも等しくて尊いものなんだと感じた》
《私も一生懸命生きたいと思った》
《桂ちゃんともっと心の通ったかかわりをしたくなった》
等々どの子も素直な感性で桂ちゃんとお母さんを見つめ、桂ちゃんの命とお母さんの生き方に感動し、障害があろうとなかろうと等しく尊い生命なのだと感じているのでした。

桂ちゃんの卒業式

ロシアの障害者を育てる親の会の方々と交流している大学の先生に、国の施策で重度の障害のある子供たちの教育の場が保障されていない現実を聞かされました。

日本の国では、就学はすべての子供たちに保障されていますので、今や就学を免除する子供たちはよほどのことがない限りいません。数年前のデータになりますが、十万人くらいの児童生徒に対しまして、四、五人、しかもその中で、障害を理由にしている子供は一人くらいの割合でした。昭和五十四年の学校教育施行法の改正で、どんな子供でも教育の対象にされるようになったのでした。

しかし、ロシアでは、職業的自立の可能な子供たちが教育の対象と言うことで、重複障害のある重度障害児は、教育の対象になっていないばかりか、親たちが自主的に運営している施設さえ、家賃が滞《とどこお》ると言うことで、公営住宅から閉め出されようとしているのだそうです。これは、全く人間観・人生観の、或いは経済的な問題です。ロシアのことをあげつらう気持はないのですが、日本の国がそういう面で経済的にゆとりがあり、人間観・人生観の面でも、少し成熟してきているのを大変うれしく思います。

しかし、すべての人間が、子供も障害者も貧しい人も富んでる人も、社会的地位のある人も、地位や名誉のない人も、仕事の内容の優劣も関係なく、みな尊いのだ、等しく生きる価値があるのだと心の底から思える人は、そう多くはないのではないかと思うのです。

このことは、障害のある子供たちの教育に携わって十数年、いつもいつも頭の片隅で考えている私の課題でした。どの子にも関わり深く接していると、なくてはならない存在に思えてきて、心の底から価値ある存在として敬うことができるようになります。このことを本当に分からないと、人間観・人生観そのものが違ってきてしまいます。

私たちは、理念としては、すべての人間は平等に価値があると分かることは、そう難しくないのですが、本当に全身で感じることは容易《たやす》いことではありません。

平成十三年三月十七日、我が校でも卒業式が行われました。その中に桂ちゃんがいました。四年生から本校の児童として仲間入りした桂ちゃんは、三年間で学校中の子供たちや先生方の気持や目をすっかり変えてくれました。全校に「生命」の重みを感じさせてくれたのです。お話しをすることはできないのですが、にっこりほほえむことで、周囲の問いかけに反応してくれるそのことが、関わろうとするすべての人に安らぎを与え、生きていることのすばらしさを伝えてくれるのでした。

歌や音楽が大好きで、きれいな歌や音楽にはとてもよく反応します。「アイアイ」のような歌のときには、自分も「アイアイ」と大きな口を開けて声を出そうとします。一所懸命声を出そうとして、やっと出るのは三十秒とか一分後のこともあります。でもそんな桂ちゃんの様子を周りの子供たちは、「やった」「すごい」と喜び、懸命さを学んでくれるのでした。

桂ちゃんは、給食もみんなと同じものを食べることができた時期もあったのですが、消化器系のトラブルから、経管栄養になったり、胃瘻《いろう》（胃の近くにボタンを付けて直接胃に栄養を送り込む）など大変な身体的状況があったにもかかわらず、毎日元気に登校していました。

しかし、六年生の修学旅行が終わったあたりから、体調がすぐれず入退院を繰り返すようになってしまいました。

二学期末には人工呼吸器のお世話にも時々なるようになってしまい、目標は卒業式に出席することを合い言葉に、お医者さんも、ご両親も、学校も、焦らないで、準備を整えていました。

当日、卒業式に桂ちゃんは列席することができませんでした。

しかし、全体の卒業式終了後、病室で桂ちゃんだけの卒業式を校長先生以下半数以上の先生方と、希望して集まった六、七十人くらいのの五、六年生の子供たちとで開くことができました。

以下はお母様の新聞への投稿文です。

《**重い障害の娘　感激の卒業式**

蔵王の尾根が朝日で薄桃色に美しく輝いた日、娘は小学校を卒業しました。病室でたった一人のための卒業式です。

人工呼吸器を付けた娘は、晴れ着で式に臨み、待機してくださったドクターを呼ぶこともなく、最後までしっかりと目を開いていました。

重い障害がある娘とみんなとの学校での日々は、出会いの戸惑いを、心の通う同じ学年の普通の友達に変えていきました。

何もできないかのように見え、言葉も話せない娘の心の中に、いろいろな感情があることを、みんなは柔らかい心と深い理解力で受け止めてくれました。いつの間にか周りの大人たちの気持まで変わってしまいました。

廊下にあふれるほどたくさんの友達と先生たちの顔顔顔。病棟に響く美しい歌声。

山あり谷ありの十二年間をこの子の親でいられたことに心から感謝いたしました。

また、一日ずつ大切に生きていきます。数え切れないないほど多くの応援団員のみなさんの優しさに支えられながら………。》

とうとう文字が書けた！


この本の原稿を整理している時、桂ちゃんとお母様から暑中見舞いをいただきました。竹ペンで書かれたきれいな心洗われるような文字「なつ」の線にうっとりと見とれてしまいました。

お母様が作られている「つうしん桂」のお便りで、桂ちゃんが文字が書けるようになったことが分かっていましたし、一度お見舞いの時、画用紙にマジックで文字を書いてくれた経験がありましたので、勿論桂ちゃんの文字の書けることを感動をもって知ってはいたのですが、桂ちゃんの書いたはがきの美しい線の文字に新に心打たれました。懐素《かいそ》の自叙帖や良寛さんの書を思わされるような純粋な清らかさが伝わってきます。お母さんが送ってくださっていた「つうしん桂」号外（平成十三年六月二十五日）を開いてみました。

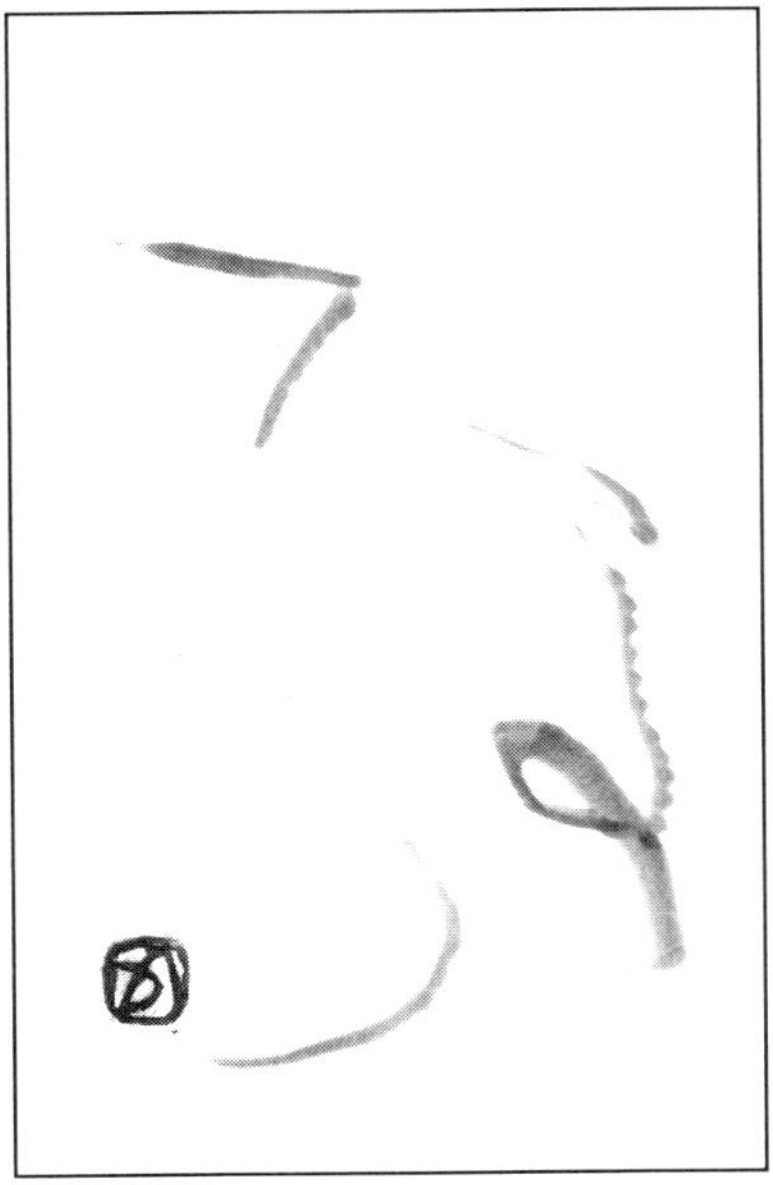

次の文は、「つうしん桂」のお母様の文からの転載です。

《　ヤッタ！　とうとう自分で字が書けた!!

信じるか信じないか。それはあなたにしか決められないけれど。
本当？　まさかそんなはずない……と私も思いました。

でもこれは本当のことなのですよ！

音と文字をマッチングさせる活動を始めてから一ヵ月。「書けると思う」というおりえ先生の言葉を、まだ半信半疑でいた母は、「おしっこ」と「きゅういん」くらい見分ければもうけもの、と軽い気持でおりました。先生に腕のブレを介助していただきながら六割の自分の力で書いた「かつら」の文字。でもまだ、「こっくりさん」みたいに介助者の無意識の力が誘導するのではないか、と意地悪なことを思っていましたもの。

体調が上向き、車いすに九ヵ月ぶりに座りました。寝ているよりは腕の動きがはるかに自由です。もちろん緊張は強く、突っ張る両足をあぐら場に押さえながらの活動でした。

まずはおなじみの「かつら」を。

文字カードを見る。紙にマジックの先がトンと当たった瞬間、足もぐんと突っ張り、少しずつ進む方向は文字の形を意識しています。反射で起きる緊張で手元を見ることは難しいのですが、始筆と線の長さを見ると、文字の形全体をイメージしていることがわかります。ペンを紙から離すと、ウホーッと深くため息をつき、身体の力も抜けます。「書いている」という、そのことを全身で意識していることがはっきりと伝わりました。滝のような汗。一筆ごと大変な体力を使っています。

まさかね、と思いながら、比較的線の構造が簡単な「のりこ」をリクエストしました。「の」は曲線が多いのでウム？　と考えましたが、「くるくるー」の声掛けどおりに！　最後をスッと抜いたときにこれは本当だ！　と鳥肌がたちました。「り」と「こ」は初めて書くのに、「たてたて」「よこよこ」ですんなりだったのですから、もう私の心臓は興奮でバクバクでした。これを書いている今だって！

一度でいいから「お母さん」とよんでもらいたいなあ、と願い続けてきました。（弟の）まさみつが呼んでくれたとき子育て七年目にして初めて聞く「おかあかん」に涙しました。でも、あんまり喜んだら柱を傷つけるのではと、ちょっと遠慮がちに喜びました。

ビックマック（録音機能がついたスイッチ）が押せるようになって、ボランティアの学生さんの吹き込んでくれた「おかあさん」を聞いたときは、あなたの笑顔が言葉と重なり、言葉でコミュニケーションができることが嬉しかった。そして三度目の正直。今度の「のりこ」は正真正銘、直接あなた本人からのメッセージです。何百倍も嬉しいに決まってる！ 今までのたいへんなことなんか、ぜーんぶ吹き飛んじゃった！

（おどろき）×（喜び）—（疑い）＝（感動）

信じるものは救われる？ それとも、なせばなる？ 望めばかなう？

どれも今の気持には物足りない。ヘレン・ケラーがｗａｔｅｒと叫んだ時の気持ってこんな感じだろうか。さあ、厚くて重いことばの扉が開きました。十二年間生きてこられて、いろいろな生活経験ができて、自分の身体が動かせるようになって、思いを伝えたい人がいて、伝えられることを信じてくれる人がいて……。全ての毎日が積み重なり、今の桂だからできたことです。

人間の可能性は無限大。これだけは本当に真実ですよね。》

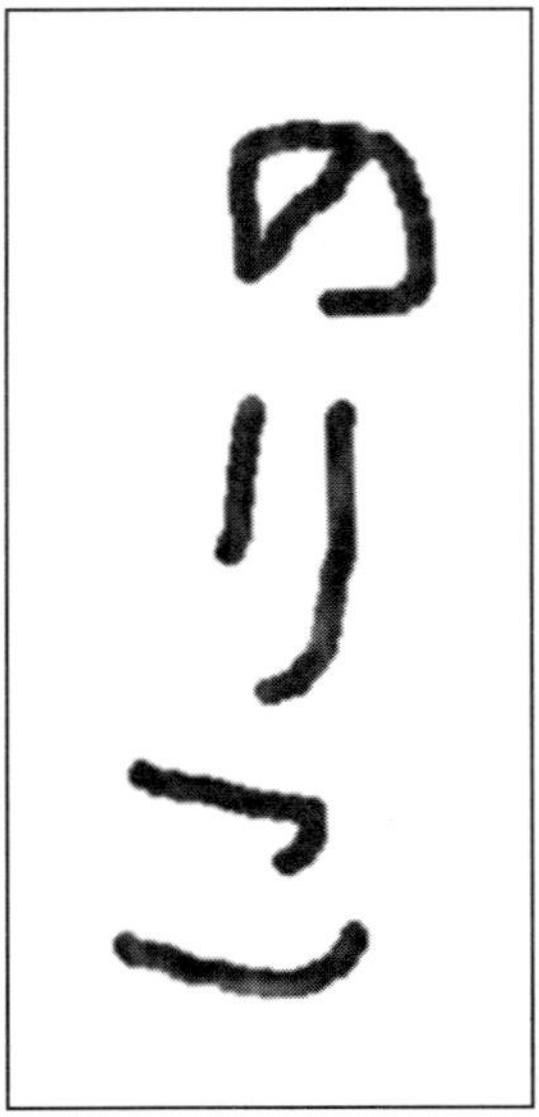

お母さんの思いを読み返しながら、またまた感動の涙です。

桂ちゃんは、小学校を卒業して養護学校の中等部に入学しました。病院から退院できないまま中学生生活に入りました。養護学校には訪問教育制度がありますので、週二回、学校から先生が訪問して指導に当たってくださいます。訪問教育は本来は、在宅の児童・生徒が対象なのですが、桂ちゃんの場合は、学校と病院とのご高配により、病室への訪問が実現したのでした。

ある日の訪問教育の一コマ（桂ちゃんのお母様の文から）です。

《朝の会であいさつをすればもう病室が教室に。助手をさせていただいている私はカメラマンです。先日はこいのぼり作りの授業に、同級生のお母さんの面会が重なり、にわかに授業参観兼音楽発表会と化し、仕上げはこいのぼりの歌の大合唱。あーー、楽しかった！

学習は処置の少ない日の午前十時半から十二時まで。短い時間でもとってもメリハリがあり、桂も母も充実感があります。

授業中は看護婦さんも最低の処置で対応してくださるので集中できます。子供って本当は勉強が大好きなんだな、としみじみ。

午後？　もちろんグワー〜〜〜〜〜〜ッと高いびきですよ。》（5月NO.2）

《（前略）様々な身体のバランスが整ってきました。心と身体がつながっていて、一つのいいことがどんどん輪になってつながる身体のしくみのすばらしさを堪能しています。ゆっくりと時間をかけて本来の人間がもっているリズムに近づいています。朝起きて、日中活動し、経口で食物をとり、自然に排泄し、適度に運動して、夜は十分に睡眠をとる。全てにトラブルがありました。あたりまえと思っていたことが、人間が健康でいるためにどんなに大切なことか学びました。

訪問教育では文字の獲得でびっくり（！）しました。現在は三枚の顔写真を見て、名前を書いたカードとマッチングさせ、さらにいくつかは写真を見ただけで名前を書くというところまで発展しました。目線も、左右の腕の動きもすばやく明確になってきたので、表情はもちろん、そのときの体調に合わせて選択のサインを使い分けています。スゴーイ！

たった一年ですよ。しかし、週三回一時間ずつの授業も、蓄積されるとこれほど結果が現れるのですね。おりえ先生、本当にありがとう。二人は切っても切れない関係になっています。教育という作業は偉大です。(後略)》(3/20)

お母様は、「こういう人生はラッキーかもしれない」とおっしゃったことがあります。一年間、毎日話しかけたら笑ってくれた。五年間、毎日本を読んであげたら目で追うようになってくれた、のだそうです。内在する力を信じて働きかける教育の極意を実践してきたお母様の姿があります。

「障害の受容は自分自身の受容」であるともおっしゃいました。本当にそう思います。障害だけではなく、どの子に対しても、その子を全面受容すると言うことは自分自身を受容することなのだと思わされます。

素材を生かす生き方

体育嫌い

健君は十九歳、軽い知的障害のある青年です。今、サックというチームでサッカーをしています。平成十三年、宮城県での国体の後にあった「全国障害者スポーツ大会」（障害者の国体）に宮城県の代表選手となって出場しました。体育嫌いだった健君が……と思うと感無量です。

「人生を生きるとは、自分の与えられた素材とも言える能力や肉体を創造的に使いこなすことなのだ」ということを、彼の成長の歩みは教えてくれます。

「いやだなあ。体育なんて嫌いだ。走るのは遅いし、ボールも受けられないし、鉄棒も怖いし、体育なんて大嫌いだ。何だかおなかが痛くなってきた。」健君は、体育の時間の前になるといつも、おなかが痛くなったり、頭が痛くなってしまうのでした。

一年生の時は、通常の学級でみんなと一緒に勉強をしていたのですが、なかなかひらがなを覚えられなかったり、足し算をまちがったり、うまく思ったことが言えなくてもじもじしていたりしていたので、友達に「おまえばかだなあ」とか「おまえ、なんにもできないんだな」とか言われているうちに、「できないんだ」「だめなんだ」という気持が強くなってしまったのでした。

「いや！」「できない！」と言ってすぐ泣いてしまったので、先生にも友達にもいつの間にか無理に誘われなくなってしまいました。それで、体育の時間はボーッと立っている子になってしまったのでした。体育を全然することなく五年生になった健君は、鉄棒も、跳び箱も、縄跳びも、見ただけで、「こわい」「いやだ」と心から思うようになり、体育と聞いただけでお腹が痛くなってしまうのでした。

私はそんな健君と、彼が五年生と六年生の二年間関わったのでした。

転校して特殊学級の子供になった健君に、一ヵ月ほど経ってからのことでしたが、「健君、今日はお腹の痛いのが治る体育をするので着替えよう」と言いました。怪訝《けげん》な顔をしながらも、初めて着替えてみんなと一緒に外に出ました。

「整列します！　前へ習い！」と言う号令で彼が手を前に挙げるやいなや「さっと、まっすぐ手が上がってすごい！」と言いました。当たり前じゃないかというような顔をしながらも健君の表情はは少し緊張が解けたような気がしました。

「校庭マラソン三周！　マラソンなので始めから全速力で走らないこと。」と言うと、特殊学級の一年生から六年生まで十二人の子供たちが走りだしました。健君も何となく走り出しました。よちよちアヒルのように走る子供たちが多い中、健君は同じ五年生の剛君と二人、他の十人よりも四分の一周位先になってしまいました。「健君速いね」と後ろから叫ぶと、後ろを向いてにやっと笑いました。

途中、苦しくなってきたのか走る足が止まりそうになるのですが、そのたびに「健君、すごい」と声を掛けられるので休めなくなって、そのまま三周走り続けてしまいました。剛君が一位、健君が二位になりました。

「健君、初めてのマラソンでこんなにがんばることができるなんてすごいね。この調子ならすぐに一位にだってなれるかもしれないわね」と言いました。すかさず、剛君が「何をこしゃくな、負けるものか」と言いますと、なんと健君は「あしたこそみていろ」と言い返したのでした。そこには、さっきまでのうじうじした健君はいませんでした。

「健君、おなかまだ痛い？」と聞くとけろっとした顔で「痛くない」と言うのでした。

次の日から毎朝、学級の友達十一人といっしょに校庭を走るようになったのでした。健君はいつのまにか走ることが嫌でなくなっていました。しばらくして健君が剛君に勝って一位になったときには、健君たち二人は、校庭を毎朝十周走るほどになっていたのでした。

健君は、走るのは嫌でなくなりましたが、他の体育はまだ好きではありませんでした。特に嫌だったのは鉄棒です。絶対に鉄棒はしないと決めているようなところがありました。

鉄棒をするというと健君は、「鉄棒なんて嫌いだ」「お母さん鉄棒しなくていいと言ったよ」「鉄棒は絶対しないから」と言って、体操座りの足をしっかり押さえ顔を膝に埋めた姿勢で固まっていました。できるはずがない、怖くて怖くてたまらないという気持が痛いように伝わってきます。私はしつこくは誘わないので、体育の前にお腹が痛くなることはありませんでした。

鉄棒

ある日、鉄棒の前でクラスのみんなが少し変なことを始めました。健君は鉄棒はしないと決めているので、いつもの姿勢で固まっていました。

「陽子ちゃんの握り方百点」「武君の小さな手でも鉄棒をしっかり握れるのね。武君の握り方百点」などの声に、固まった姿勢の間から、健君がみんなの様子をうかがっているのが分かりました。でも、彼は、固まった姿勢を崩そうとはしません。「剛君さすがだね。握り方しっかりしているね。五年生の手は大きいからとても握りやすいね。握り方二百点。」と言いました。健君がちらっと鉄棒の方を見たようでした。目が合ったらしい剛君が「なんだ健、おまえやれないのか」と言った途端、健君の負けん気に火がついたのが顔に表れました。私はすかさず「次、健君」と言いました。健君は思わず立ち上がって鉄棒の方へ歩き出してしまいました。

健君は、初めて鉄棒の前に立ちました。

「いやだな」との気持もあったでしょうが、剛君に負けていられないような気持でいっぱいだったようです。苦い青汁を一気に飲まされているような顔をして、目をつぶって鉄棒を握っていました。教師の「健君二百点」の声で健君は我に返ったようでした。剛君は、にこにこしながら拍手をしてくれていました。今までがんばっていた健君の鉄棒へのかたくなな気持が和らいだ瞬間でした。

でも、それからしばらくしてからでしたが、健君は、「腕立て飛び上がり」で、鉄棒に付けたお腹が痛いと言って泣いてしまったのでした。その時、剛君が「ぼくだって痛いよ。でもやっていると平気になるよ。」と言うのにまた励まされて、健君はがんばることができました。繰り返しているうちに、お腹の痛さも気にならなくなってきたらしく「痛い」と泣くことはすっかりなくなってしまいました。そしてついに「前回り下り」ができるようになり、鉄棒がだんだん好きになってきました。休み時間は、チャイムが鳴ると健君は一目散に鉄棒に走っていきました。いつもいつも鉄棒をしている健君を見て、通常の学級の友達も「健君はがんばりやだね。鉄棒随分上手になったね。」と言ってくれるようになりました。健君は、自分のことを見ていてくれた友達が居たのだと思うととてもうれしい気持になったようでした。

跳び箱

六年生になって、体育の時間はかなり楽しみになったのですが、跳び箱だけは見るのもいやでした。でも、健君は「跳び箱が跳べるようになったらいいだろうなあ」とは思っていたようでした。

交流学級（特殊学級の子供が通常の子供たちと一緒に学習する学級）での体育の授業で跳び箱をしていた日、久しぶりで本当に身体が固まってしまっていました。五段や六段の跳び箱を跳ぶ友達の姿をこわばった顔で、怖いものを見るように見ていました。見るということは、怖くても、それなりに心惹かれるもの、関心があるということです。

教師の役目は、子供が興味・関心を感じているとき、関心はあるのに困難障害を感じて立ち止まっているときに、本人の力が出せるように支援することです。

小学校時代に最大の恐怖とも言える関心事項の跳び箱を跳べるようになることは、彼の生きる姿勢を大きく変えることにもなると思えました。

一緒に特殊学級を担当している体育の得意な青年教師に、跳び箱習得のプログラムをつくってもらいました。

まず、初めの頃は、跳び箱の練習とは思えないようなことから始まりました。走っていって、線の上で両足で跳び上がること。両足を揃えて離れたマットの上に着地すること。それらを踏切板を使ったり、マットまでの幅を調節したりしながら何度もしました。両足で踏み切ったり、着地したりする感覚・タイミング・リズムを体が覚え、頭で考えなくてもよくなるまで繰り返すのです。一回に長い時間繰り返すのではなく、毎日少しずつ続けるのでした。

次は、踏み切って厚いマットの上に飛び込む遊びも繰り返しました。身体を空中やふわふわマットの上に委ね、恐怖心をなくする練習です。こういうことが何の恐怖もなく楽なリズムでできるようになってから初めて手を使うことを始めたのでした。

跳び箱を跳ぶに似た動作、まずはマットをまるめたものに馬乗りになることでした。跳び越そうとせず、ただ馬乗りになるだけです。跳び箱ではないので、恐怖心やできないのではないかという疑いなしに取り組むことができます。これは、他のダウン症の子供たちもすぐにできるようになりました。

次に跳び越す経験は、タイヤ跳びでしました。その子に合った高さのタイヤを選んで置きさえすれば、手を使って、丸めたマットに馬乗りになれる子供なら、難無くタイヤを跳び越すことができます。タイヤを跳び越すことができたときの健君の喜びは、格別でした。自分にもできるという自信に満ちた顔つきになりました。これで、跳び箱に対する以前のような大きな恐怖心はなくなったはずです。

跳び箱跳びの初めは、二段の開脚跳びでした。跳び箱を横向きに置いて、低い位置（一段だと低すぎて前のめりになりがちになる）で跳ぶので、タイヤ跳びがある程度できるようになっている子供なら、跳び越すことができます。健君も一度でクリアすることができました。初めて跳び箱が跳べたのです。今までできないと思っていたことができた喜びは、大きいものです。それからは「先生、跳び箱しよう」「先生、跳び箱しないの？」と毎日教師に声を掛ける子供に変身してしまいました。

いよいよ、普通に跳び箱を縦に置いての跳び方です。まず、置く手の位置に手形をチョークで書きました。手の位置さえできれば跳び越せる条件がほぼそろっています。いよいよ跳んでみました。おしりが少しかすったのですが、跳び越すことができました。健君と手を取って成功の喜び合いです。でも、本人は、もう次の完全成功に挑戦しようとしています。こうして、健君は七段を難無く飛び越せる子供になってしまったのです。跳び箱クリア作戦は大成功を収めたのでした。

知的には少し障害があるものの、自分のもっている力を出しきって、障害者スポーツ大会（国体）のサッカー選手としてがんばっている健君は、「自分の素材を生かした生き方をしている」といえると思うのです。

健君は現在、仙台近郊の農場で働いています。「社長はぼくたちの気持を分かってくれる人だから、働き甲斐があるんだ」と言いながら、鳥や牛の世話をしています。

オンリー・ワンの教育

「オンリー・ワンの教育」とは

「オンリー・ワンの教育」とは、「他人と比べない教育」くらいの意味です。

私たちはあまりに他人との比較の中でものを考え過ぎています。学校での評価を始め、他人との比較での優劣を自分の評価、他人の評価としてきました。他人と異なることを恐れ、できれば少しでも他人より良い位置をめざすことが大事なことに思ってきていました。いつの間にか、競争社会という言葉が当り前になってしまっています。そして、その中でナンバー・ワンを目指すことに一所懸命になってきました。そして、ナンバーに数え上げられない子供は、自分がだめだと思ってしまって、本来の創造的な生活ができなくなってしまっているのです。

しかし今、二十一世紀を迎え私たちは、他人と比べての優劣を意識した価値観を基にしての人間観の間違いに気づき始めています。

バブルがはじけて以来、ある意味で日本の社会は一層競争がはげしくなり、ナンバー・ワンを目指さなければならなくなったように見えます。けれども、その中で助けを求めている子供たちがあまりにも増えてしまいました。この社会に蔓延《まんえん》している価値観の間違いに警鐘を鳴らしているのです。

戦後の日本の社会は、一本の敷かれたレールの上を走るのがよしとされてきたようなところがありました。しかも、良い座席に座って、寄り道せずに、猛スピードで……。

仙台から上京するにも、今では東北新幹線を使い二時間もかからずに上京するのが当り前になってしまいました。しかし、考えてみますと、時間はかかるのですが、各駅停車の電車でも上京することはできますし、歩いてだって全く別の楽しい歩《あゆみ》をしながら上京することは可能です。私たちは、いろんな道や方法があることをあまりに忘れ過ぎてきています。

個性ある人間の人生です。一人一人が違っていていいはずです。一人一人違っていて良いのだということが、「オンリー・ワン」ということです。言い換えると「自分の個性そのままでいいのだ」と言うことでもあります。

『天上天下唯我独尊《ゆいがどくそん》』と釈迦はおっしゃいました。キリストは『神の一人子《ひとりご》』とおっしゃいました。釈迦もキリストも自分だけのことをそう言ったと解釈するのは間違いで、「すべての人間は、神の子なのだ」という意味なのだと解釈するのが正しいのだと思います。

私たちは、常にここに立ち返ることが大切なのだと思います。そうでないと『オンリー・ワン』といっても、「自分だけ」のだけに力の入った特別に個性的であらねばだめだというような人間観になってしまいます。

ことばそのものや比喩的事例にとらわれてしまってもおかしなことになります。「ナンバー・ワン」を否定するあまり、運動会の徒競走で手をつないで走る愚と同じでは困ります。

人生を考えると、いろいろあって良いのです。スポーツの場で「ナンバー・ワン」を否定してしまうとおもしろさや楽しみが半減してしまいます。

同じように『オンリー・ワン』の考え方も、人間神の子の人間観に立ち返らないと、際立った個性のみしか認めないことになってしまいます。

生命の存在のレベルでの『オンリー・ワン』が重要なのです。障害があろうとなかろうと、能力的差があろうとなかろうと、生命を与えられていることそのものが尊く感じられ、存在そのものを大事に感じることが、『本当のオンリー・ワンの教育』なのだと思います。

それには、一人一人の子供の個性に応じた教育の在り方が、問われてきます。学校教育において、『個に応じた教育』が重点事項に取り上げられてから十余年を経ているのですが、不登校が増え続けているのは、社会も、家庭も、学校の体質も大きく変われないでいるからです。

個性について考える

「個性を生かす」ということは、今や教育界では全く当り前のことになっています。学校教育においても、もはや異論をはさむ人はいなくなったと言っていいかも知れません。

しかしその「個性」とは誰もが分かっていそうでありながら、それぞれの立場でとらえかたが違うと思えることがあります。

子供たちが、何かに夢中になって活動しているとき、「この子の個性が広がり深まってきている」ように感じたことは、何度もありました。楽しい活動、子供が魂を震わすような感動のある活動は、その子の心を膨らませ自分への自信を深めていくように見えるものです。

ところで、通常「個性」とは、他人との違いを指していることが多いような気がします。『広辞苑』には、《個性=個人に具わり、他の人とはちがう、その個人にしかない性格・性質》とあります。「違いこそ、個性」なのです。

しかし、これは際立ったことがなければ、個性がないと思ってしまうような次元でのことではないのだと思います。「個性」とは存在そのものの次元で感じることなのだと思うのです。

神様はこの世に二つと同じものをお造りにならなかったのです。

我が家の庭の柿の木が、青々とした葉をいっぱい付けて茂っています。何百・何千枚あるかと思われる葉の一枚一枚が、よく見ますとみな違っています。大きさ、形、色、葉脈、二つと同じものはありません。

しかし、この柿の葉の一枚一枚にもっと個性的になれと要求したり、もっと個性的に育てようと一所懸命になるとしたらどうでしょう。柿の葉は柿の葉でいいのであって、今の柿の葉そのもので個性的な存在なのです。

このことを人間に当てはめて考えてみますと、同じような考え違いをしてしまっていることがあることに気付きます。

人間は柿の葉と比べようがないくらい一人一人が肉体の顔・形だけではなく、本当に個性的創造力を与えられている存在です。

同じりんごを、同じ質と大きさの紙に、同じクレヨンで写生したとしますと、描かれた絵のりんごは、描いた人の数だけそれぞれ全く違ったものができ上がります。上手下手を越えて、その人のりんごの絵が創造されるのです。その人がそのりんごの何かに感動し、その感動で心を込めて思ったとおりに描くと、誰もが真似のできないその人の個性がにじみ出た作品になります。

このことが、何より尊いのだと思うのです。

たとえ、りんごの形がりんごらしくなくても、色が写実的でなくても、そこにその人の感動と一所懸命さがある時、他の人にもいいなあと思わせるものが表現されてきます。

下の絵は、知的障害のある子供たちが、近くの農家のりんごの木から、りんごを収穫させていただいた時の感動を、教室にかえってきてすぐに描いた十二人の合作です。

人生を生きることも、この絵を描くこ

と同じなのだと思うのです。

最近、障害のある方々のことが話題になることが多くなってきました。この原稿を書いている今も、テレビでは「徹子の部屋」で乙武洋匡君が話をしています。

彼のすごいのは、「無いことに不平不満を持たずに、あるもので何とか工夫してチャレンジしていく」明るい生き方です。今も、「障害があるからといって特別な存在ではないよ」と言っています。

こんな彼を育てたお母さんは、手足がないも同然に生まれてきた彼に初めて対面したとき（生後一ヵ月の頃初めて）の第一声は「まあ、かわいい！」だったということは、有名ですが、これは本当にものすごいことです。

この感性・人間観こそが、今私達が取り戻さねばならない、二十一世紀の教育を開く鍵だといっても過言でないと思います。

私達は、自分の個性的存在そのもの、我が子の個性的存在そのものを、受容し感謝するところからしか、自己教育も、家庭教育も、学校教育も存在しないと思います。

いつの頃からでしょうか？　日本の子供たちは、そのまま自然に生きることの尊さを忘れさせられてきてしまったようなところがあります。

明治維新直後、明治五年に学制が発布され、義務教育が始まりました。また戦後、六・三・三・四制が制度化され、義務教育の延長とともに、次第に高学歴を全ての人が目指すようになってしまいました。それは、まるで、一本の幅広いレールの上を同じ方向に向かって走る列車のように、日本中が走り始めてしまったかにさえ見えます。しかも、できるなら格好いい超特急に乗って、なるべく早く目的地に着くことを暗黙のうちに要求し、各駅停車の列車に乗りたいと思う自由を許そうとはせず、まして自分の足で歩いて行こうとする子供がいると、落ちこぼれとか、落伍者とかのレッテルを心のどこかにはってしまうのでした。

そのスピード社会の中で、何かおかしい、狂っていると感じながらも、ゆっくり留まることを許されないまま、家庭も社会も落ち着いて、安心して生活することを忘れてしまったかに見えてしまっています。

時間的に忙しい家庭生活は、子供たちとしっかり向き合い、じっくりしつける心の余裕をも失ってしまったかに見えます。

自覚すると否とに拘わらず、日本中ほとんどの親も子供もこの流れの中で、あまり疑問も感じずに、いかにうまく適応するかにのみ、気を遣ってきている気がします。

このような中で、自分を見失うことを潔《いさぎよ》しとしなかった子供たちの、不登校を始めとする問題点が沸き出してきているのだとも言えると思います。

誰もが、日本人として生まれてきたこと、自分の両親の下に祝福されて生まれてきたこと、学校の担任の先生に好かれているのだということを喜び誇りたいと思っています。

どの子も、障害があろうとなかろうと、物覚えがよかろうと悪かろうと、人付き合いが上手であろうと下手であろうと「そのままで良いのだ」と心の底から思いたいと思っています。存在そのものの尊厳があってこその教育です。

そして、その上に立って、学校教育においては、学習課題も学習内容も学習方法も、その子の特性に合ったものを工夫創造していくことが大切になります。これからの学校教育においては、個性・特性に応じた教育の創造こそが命題です。しかし、それは特別なことではなく、一人一人の子供たちが、学ぶことが楽しく、生きがいになる学習を子供と一緒に教師が作り上げていくことだと思います。

「個性を生かす」とは、特別なことではなく、私達が自然に賜《たまわ》ったそのままの生命を受け入れ、大事に心を込めて使わせていただくことなのだと思うのです。

個性の本質

今年も、どんぐりの花も、けやきの花も目にしないうちに夏になってしまいました。

校庭には、こなら、みずなら、かしわ、しらかしなどどんぐりのなる木がありますし、けやきも二十数年経った大木が十数本あります。

秋になると確かにどんぐりが落ちてきますので、四〜六月頃には、きっと花が咲いていることは間違いないと思うのですが、生まれてこの方五十数年も生活していますのに、一度も目にしたことがないのです。けやきだって、子供の頃から、季節感のある美しい木と思って春夏秋冬のそれぞれの樹景を愛《め》でてきましたのに、花は一度も見たことがないままなのです。

先日、そんな話をお母様方にしましたら、「えっ、どんぐりの木にも花がさくのですか?」とおっしゃった方がいらしたのですが、大抵の方は、知識としては花が咲いているはずだとは考えられても、きっと私のように実際には花を確認した経験のない方が多いと思うのです。

ところで、どうしてこれらの花は、みんなの目につかないのでしょう。

数年前に、ラジオを聞いていての耳情報で不確かな面もあるのですが、「世界中に咲く花の色は、何色が一番多いか?」との問いがありました。そしてその答えは、何と白でも黄でも赤でも紫でもピンクでもなく、「緑」だというのです。世界中の花の八十パーセント(?)

以上が、目立たない緑系の色の花なのだそうです。風で受粉する花たちは、色も匂いも目立たないものでよいわけです。それを聞いてから、かなり意識して目立たない花たちを発見しようと思ってきたのですが、発見できた花もあったのですが、冒頭に述べたような結果になってしまっているのです。

森や林の樹木のほとんどは、何時《いつ》咲いていつ散ったのか分からないような花をつけます。しかし、その樹木たちの一本一本が、「私は誰に認めてもらえるわけでもなく、ただ目立たない花をいっぱいに咲かせるために生きているだけ。もっと目立ちたい、もっとみんなに注目される花を咲かせたい。どうせわたしは目立たない花しか咲かせることができないのだ。つまらないから花を咲かせるのを止めよう」と思ったとしますと、国土の六十六パーセントもの緑のある日本列島さえもたちまち赤土と化していくに違いありません。日本列島の緑を支えているのは、実は華やかな目立つ花よりも、圧倒的に多い目立たない花を咲かせながら生きているたくさんの樹木たちの存在なのだ、ということの意味をかみしめたいと思うのです。

現代の人間社会、学校生活を考えてみますと、「目立たない花」の存在の重要性にもっともっと気づかねばならないような気がしてきます。

「個性を生かす」ということが言われて久しくなります。しかし、「個性」を目で見えるような表面的なとらえ方をしてしまいますと、目立たないものは、個性でないようなことになってしまいます。「個性」とは、「人やものに本来そなわっている性質」であるはずでありますのに、際だたないと個性でないような気持になってしまっていないでしょうか。学校や教育界のイメージがそうなってしまっていることは、子供たちの人間形成に禍根を残してしまっているような気がしてきました。

平成十三年に起きた大阪教育大学附属池田小学校の事件の、犯人の人間観がまずそうでした。少年凶悪犯罪の中にも目立ちたい願望そのものが犯罪の動機になっていると感じられるものがたくさんあります。

「個性を生かす」ということばを、かつての日本人はどんなことばでとらえていたのだろうかと考えているとき、素晴らしいことばに出会いました。「本分を生きる」と言うことばです。ＮＴＴ相談役の瀬島龍三氏著『幾山河』（産経新聞ニュースサービス刊）で出会ったのです。

「本分」＝「人間が生きる上での本来の分限」

「個性」＝「人やものに本来そなわっている性質」

「本分」には、責任や使命という人間の生き方が感じられてきます。この「生き方の姿勢」こそ重要なのだと思います。

現在の（学校）教育で、稀薄《きはく》になってしまったのは、この「生き方の姿勢」です。

かつてのことばには「生き方の姿勢」がはっきりと感じられたのに、今では同じことを言っているのに力がなくなってしまったことは、〝道徳〟の内容項目を見てもいつも感じることです。例えば「父母、祖父母を敬愛し、進んで家の手伝いをする」より「親孝行」の方がどれだけ、インパクトがあることか……。

「本分」ということばで、森林の樹木の生き方を見ますと、とてもよく分かる気がします。本分を生きようとするときには、背伸びも、甘えも、ありません。艱難《かんなん》も、辛苦も、疼痛《とうつう》も皆、自分に与えられた運命として、絶対に逃避せずに真正面に取り組む、又は、淡々とそのままに取り組むという生き方がうちから湧いてくる感じがいたします。

自分の生き方を考えてみましても、「個性を生かしている」かというと、客観的視点で自分を見てしまう感じになりますが、「本分を生きる」と思うと、主体的な視点で内省的に自分を見ることができるような気がするのです。

「個性を生かす」とは「本分を生きる」ことに他ならないのだということを、子供たちに気づかせてやりたいものです。

真に価値ある生き方とは……

かつて百七歳のきんさんぎんさんがテレビに出ているのを見ました。お二人のそのままさが、何ともほのぼのとしたユーモアのある味わいを画面にただよわせていました。

この所、年齢の意味を感じさせられることが、多々あります。自分が人生の六割以上の齢《とし》を重ねてしまったからに相違ないのですが、いろんなことで、世代や年齢が気になることがあるのです。

日常生活の中でも、人間の尊厳に関する人格の部分と肉体の役割（性能）との関係をつい考えてしまいます。

また、生涯教育が言われている今、教育はいつの時点で、どんな教育が必要なのかも考えさせられます。

最近久しぶりに、家族でカラオケをした時のことです。我が家は、主人も子供たちもかなり歌のうまい者たちが揃っていると思っていますが……。私はというと、どうしてこうなったのだろうと思うほど、思うように歌えないのです。最近の若い人が好む歌を歌えないのはしょうがないとしても、四十代に歌えていたはずの歌までが完全には歌えなくなっているのです。歌う機会が少なくなって声を出さなくなっていることもありそうですが、覚える力や記憶している力にも問題がありそうな気もします。

娘に「お母さんは、十六分音符以上の細かい音符がうまく歌えないのね」と言われて、私もそう思っているのですが、全ての歌がそうかと言うとそうではないことに気付いたのです。少なくとも二十代までに覚えた歌は、十六分音符以上のリズムも完全に歌えるのです。しかも、過去に歌ったことのないはずの歌であっても、子供の頃に流行っていた歌などは完全に歌えるのです。

お年寄りになると「昔のことは思い出せるのに、最近のことは忘れてしまう」と言うことをときどき聞きます。私も少しその範疇《はんちゅう》に入ってきたのかなと思うこともありますが、歌はまさにそれでした。

幼い時、若い時に獲得し記憶したことは、しっかりと脳に焼き付いて、それはいつまでも消えずにいて、使おうと思えば使うことができるのに、歳《とし》を重ねるにつれて脳への刻みが薄くなり、使い難《にく》くなると言うのが、肉体人間の特性なのだろうとあきらめてしまえば簡単なのですが……。

しかし一方で、人間の人格の生長にとっては、きっと老いるという肉体の特性が必要なのかもしれないとも思うのです。不自由な肉体を丁寧《ていねい》に使いながらの意味を私はまだ実感できないのですけれど、何度も同じことを調べたり、繰り返したりしているうちに、スピード感のなくなった生活の中で見えてくるものがあるはずだとも思えるのです。そうでなければ、「生かされているものすべてに生きている意義がある」という生命の尊厳の前提が崩れてしまいます。

平成十一年の夏、文芸評論家の江藤淳氏が自殺してしまいました。遺書によりますと、心身の不自由（病苦）が自殺の原因であったように読み取れます。「脳梗塞の発作に遭《あ》いし以来の江藤淳は形骸《けいがい》に過ぎず」は、頭を使う職業の人であった江藤氏の気持として「形骸」は理解できない訳ではないのですが、やっぱり生きぬいてほしかったと思わずにはいられません。江藤氏ほどの人でも、世間的価値観で生きていたのかと思ってしまうのは、言い過ぎかもしれませんが。

人間は、何が大事なのかという真価値（本質・理《ことわり》）を誰もがしっかりと宿して生まれてきているのではないかと思います。そして、それをこの社会において、肉体をもって生きていく中で、表現しながら自覚していくのが人生なのだと思います。

子供の頃、若い頃、人間にとって何が大切なことなのかを感じ取って、そう生きようとしている人は多いものです。

小学生の子供たちのほとんどは、真の価値を感じる感性を持っています。世間的な大人の価値観ですでに物事を見ようとしている小学生の目にたまに出会うと、違和感を感じるほど、大抵の子供たちの感性は純粋です。「三つ子の魂百まで」という言葉通り、幼い時期に、本来持っていた真の価値を感じる感性を大事にされたかどうかで、その後の生きる方向が違ってくるかもしれないと思います。

しかし、幼い頃から、世間的な価値観を身につけてしまっている人は少なく、次第にそれを身に付けるにつれて、本来持っていた真の価値観（理《ことわり》）に気付かなくなってしまうことが多いのではないかと思うのです。

大学生の娘が友達との話題の中で、同じ学部の女の先輩が、付き合っていた恋人の就職先がぱっとしなかったのでさっさと別れて、お医者さんと結婚してしまったことを、功利的行動と非難めいて話していました。詳しい事情が分からない他人が云々することではないのですが、娘たちが少なくとも人間の価値を見かけの職業で判断していないことの表れと思って聞いていました。

近頃、恋愛結婚をめぐって、親と価値観が対立した例を見聞きしました。

Aの例は、お嫁さんのご兄弟に障害のある方がいらしたのでした。当人同士は、五・六年間の交際で愛を育み、今後の問題を自分たちで背負って解決していこうと思っていました。しかし、お婿さんのご両親は大反対し、お嫁さんの両親にもひどい言葉を浴びせたので、お嫁さんのご両親も結婚には反対し始めました。結果的には、当人がしっかりと自分たちの愛を貫いたので、両方のご両親の理解も得られ、結婚への道を進んだのでした。今は、とても幸せな家庭を築いています。

Bの例は、彼女が好きになったのは、同じスポーツ仲間でした。二十代の前半を二人は恋人同士で過ごしました。彼女は教師で彼は公務員でしたが、彼は高校しか出ていませんでした。二人の付き合いを彼女の両親が知ったときから猛烈な反対が始まりました。そして、両親は次々に見合い相手を探して来、その相手のほとんどはお医者さまでした。両親の絶対的な気持に沿って、彼女はお医者さんと結婚しました。彼女なりに努力はしていたように見えたのですが、五・六年後に離婚してしまいました。

Cの例は、背の高いお嬢さんのお母さんは、娘の相手は背だけは高い人と無意識に決めていました。しかし、お嬢さんが好きになった相手は自分より背の低い人でした。

お母さんは今、「反対しなくて良かった。娘は外見で判断せずに、人間の中身を見抜いていてあっぱれだったと、娘たちの幸せぶりを見るにつけ思っているの」と話してくれました。

若い頃は、それなりに純粋な感覚で、人間の真の価値を見抜く目をもっている人が多いのに、自分の子供たちが青年期を迎えた世代の親たちの中には、外的な（世間的な）価値で人やものを見てしまっていることに気付かずにいることがあるとつくづく思います。それは、私達くらいの世代はそれなりに人生経験を積み、世間的な視点での見通しの下に、世間的な価値を獲得してしまっているからです。

世間的な価値を全く否定するわけではありませんが、人間が生を授けられている意味を考えるなら、真の価値、内なる価値を求め続けたいものだと思います。

子供たちに、自分が本来もっている内なる価値に気付かせること、求め続けさせることこそ、教育の要だと強く思うのです。

三年寝太郎

「三年寝太郎」の民話を、大抵の方々は知っていると思います。地方によって、伝説も異なりますし、再話もたくさんの作家がしていますので、同じ「三年寝太郎」を思い浮べるかどうかの差はあると思うのですが、大筋の寝太郎のイメージは似たり寄ったりだと思うのです。私は、子供時代にこの物語を絵本で読んだときには、寝太郎が好きにはなれませんでした。いくら、最後にみんなのためになる大仕事（田圃《たんぼ》に水を引く水路を掘り上げた）をしたとはいえ、なまけものは許せない気がしました。また、長者をだます（「となりの寝太郎」の名の物語もある）寝太郎は、終わり良くても、人間の生き方として許せない気がしましたので、「どうして、子供たちが読む絵本に、こんななまけものでずる賢い人の物語を載せるのだろう？」と思ったものでした。しかし何が魅力なのか、忘れてしまう物語が多い中で、「三年寝太郎」の話は何となく心に残っている物語になっていました。

神話や民話の中には、けたはずれな変り者が出てくることがままあります。善悪や知恵や情愛の価値観だけでは、評価できない人達です。そして、人々はそれを決して否定しないで語り継いできているのです。

それは、その素朴な話の中に何らかの真実を感じ取ることができるからだと思うのです。私が「三年寝太郎」の話を思い出したのは、ある青年と出会ったからでした。

彼は、大変勤勉な、他人の心情が機敏に分かる青年です。大変心は優しいのに、こうと思ったら後に退かないところをもっているのでした。しかし、二十二歳から二十五歳まではまるで寝太郎でした。

幼いころのエピソードに次のようなことがあったそうです。

その頃の幼い子供たちは、歩くことがしっかりできるようになると次には、足踏み自動車が与えられ、それで上手に走り回れるようになると三輪車が与えられたものでした。そして、三輪車も自由に乗り回せるようになると補助輪付き自転車、そして幼稚園の年長の頃には、ほとんどの子供たちが補助輪を外した自転車を乗り回すようになるのでした。

彼も、ほとんどの近所の子供たちと同じような過程をたどって補助付き自転車に乗ったのでしたが、この自転車を卒業するのに大変時間がかかったのだそうです。同じ歳の遊び仲間が全員補助輪を外した自転車に乗って走り廻っているのに、その後から補助輪付き自転車で追いかけてついていくのでした。それを見て、母親は他の子供たちがしたように、「補助輪を外して乗る練習をしようよ」と誘いかけるのですが、彼は頑《がん》として母親の申し入れを退けて、いつまでも補助輪付きのままでいるのでした。

それが一年生になったある日、「補助輪をはずす！」と言い出しました。そして、はずした途端《とたん》、一度も練習せずにその場からそのまま自転車を乗り回すことができたのでした。補助輪を付けて走り回っている間に、自転車の乗り方に習熟しきっていたというわけです。

その彼は、東京の私大の工学部に入学しました。親からの仕送りを断り、新聞奨学生として出発したのでした。

大学一・二年の時は大学の勉強と仕事、その他にもいろいろと興味をもったことに首をつっこんで行ったようでした。

その中で、演劇の世界の魅力が大きくなり、大学を止めて、その世界に身を置きたいと思うようになりました。三年生の始めに、大学を止めて劇団に入ることを親に宣言しました。当然親は反対し、休学と言う道もあることを提案したのですが、彼の決心の固さに、結果的には許してしまいました。

しかし、あんなに固い決意の下だったと思われたのにもかかわらず、根が真面目で、耳にピアスの穴を空けることさえ死ぬ思いで行ったようなところがあったからでしょうか、なかなか仲間の生活習慣に同化しきることができず、演劇の道への思いは、一年足らずで挫折してしまったようでした。

親元に帰ってきた彼は、表面上は次々に何かに挑戦するのですが、結果的にはうまくいかないことが続きました。

例えば、大学での勉強で、かなり高度なパソコンの知識があったので契約社員として派遣されることが決まったと思ったら、ひょんなことで右手の指を骨折してしまって採用が取り消されてしまいました。三ヵ月後治って、同じように次の会社が決まって勤務し始めた一週間後、通勤途中交通事故に巻き込まれて、半年ほどの療養生活をしなければならないようになってしまいました。それからも、自分がこれぞと思う仕事は履歴書段階で落とされ、なかなか面接までこぎ着けないことが繰り返されました。

そうこうしているうちに、三年有余がたってしまいました。二十代前半の一番潑剌《はつらつ》としているはずの時期に、家にいて一日の大半をパソコンの前で過ごす息子の姿を見ている親御さんの気持はかなり複雑だったと思います。しかし、ご両親は一度も愚痴は言わなかったし、嘆きもしませんでした。

過去を思いだし、あの時こうしておけば良かったと思うことは往々にしてあるものですが、取り返しのつかないことに愚痴を言っても仕方ありません。親が残念に思うことは、親以上に本人が悔しく思っているはずです。御両親は、家に閉じこもっているように見えるこの姿から、この子はだめだとは一度も思いませんでした。「必ずおまえに一番ふさわしい、人様のお役に立てる仕事に出会える」と言い続けていました。

そして、ごく普通に家の仕事を気軽に頼んだり、パソコンのノウハウで自分たちの仕事を助けてもらったりしていました。

そんな彼が、情報誌の広告で自分がやりたい仕事を見付けました。アルバイトで時給も大変安かったそうですが、「この仕事をしたい」と強く強く思ったそうです。そしてアルバイトの仕事は十日ほどで終わってしまいました。しかしこの仕事を続けたいと思った彼は会社に正式採用をしてもらえないかと頼みました。上層部との面接が済み、面接の結果は来週に連絡すると言われ、待っていました。

次週の月曜日が過ぎ、火曜、水曜と日が過ぎていきますが結果の連絡が来ません。とうとう金曜日になってしまいましたが、連絡が来ないまま夕方の六時を回ってしまいました。普通は「来なかった」とあきらめる時間ですが、彼は「あの会社は忙しいから九時までは皆仕事時間と思っている節がある。九時まで待とう」と思ったそうです。しかし、九時も過ぎてしまいました。母親が「ご縁は別のところにあるのかしらね」と口にした途端に電話が鳴りました。電話口に出た彼の「ありがとうございます」といううれしそうな声が聞こえてきました。採用の連絡だったのでした。忙しくて連絡がこんなに遅い時間になってしまったことを詫びていたそうです。

これでもか、これでもかと試すように、そして片栗粉がかたまって葛湯《くずゆ》になるときのように、失敗にみえながら成就していく瞬間、希望が実現するまでの神秘さを感じます。

来週から出社と言うことで、すぐに仕事が始まりました。宮城県で一番部数が出ている地域情報誌の編集記者の仕事です。

直接の採用は、ゲームと演劇の記事が書ける人が必要だったのだそうです。二つとも彼の最も得意の分野です。過去の雑多な経験が次から次に生かされてきて、すぐに雑誌の編集記者として活躍し始めることができました。

面接の時、彼は「ぼくは三年寝太郎ですので、山でも持ち上げる力を出せます」と自ら語ったそうです。

「生きる力」が求められている今、自立の奥に潜んでいる内在的力は、じっくりと待つ中で育っていくものだと感じさせられています。

あとがき

この原稿をまとめさせていただきながら、私は何とすてきな子供たちやお母様方との出会いがたくさんあったことかと不思議な縁を感じてくるのでした。つまずきも問題も障害も皆人生のいろどりと思うと、「今あるものすべてよし」と思えてきます。

この夏、十年ほど前に特殊学級で担任させていただいた小学校の子供たちやお母さん方とお会いする機会がありました。その学校では、毎年夏にその地区の小学校と中学校の特殊学級の親子合宿をしているのですが、先輩の子らやその御家族、旧担任にも声を掛けてくださり、旧交を温めることができるのです。

その時のこと、小学生のお母様たちから、これからの我が子たちの行く末を案じた話が出ますと、先輩のお母様たちが、「大丈夫！　ちゃんと立派になるわよ。」「大丈夫！　心配しなくていいわよ。」と、それぞれが口をそろえたかのように「大丈夫！」と言うのでした。

私は、お母さんたちの会話を聞きながら、本当にそうだと思いました。二十歳を過ぎた先輩たちは、それぞれ今、親が安心できる生活をしてくれているのです。「途中心配させられたこともあったけれど、あのとき投げ出さないで最後まで親子でがんばって良かったわね。」と今になると言えるのです。

私の特殊学級担任を通しての教え子は、かなりたくさんいるのですが、一番年上の方々は五十歳になろうとしています。彼等、彼女等はみな、それぞれ見上げた心掛けで生活してくれています。誠実に生きることの素晴らしさを感じさせてくれる人たちばかりなのです。「だめな子なんていない」と断言できます。

私たちは、それぞれ人生の課題を与えられながら生きていると考えると、難しい課題を与えられているということは、それだけ人生学校で進級しているのだということができるのかもしれません。

桂ちゃんのお母様が、障害を受容することは、人の真価の踏み絵のようだとおっしゃったことがあります。この言葉は少し厳しい言い方かもしれませんが、障害のある子供と共に生きているお母様たちが、すばらしい人間観で子育てをし、安心して生活しておられるのには本当に教えられます。

「信じて待つ」というのは、ただ待って何にもしない「放任」ではないのです。目に見える世界では同じように見えるかもしれないのですが、「信じて待つ」というのは、まずその子に内在する無限の力を信じ、既成概念や世間体などに惑うことなくその子の心の動きや思い、状況に合わせて最善をつくすということです。

それは、「啐啄同時」の教育とも言えると思います。「啐啄同時」というと大変難しくも聞こえるのですが、啐(雛が殻の内側を叩き出す音)を聞き取り、それに応じた啄(親鳥が殻を破ること)の対応をとるためには、親や教師が安心しリラックスした気持で子供を見ていることが必要なのだと思わされます。人間知であれこれ考えても解決が見えてこない問題も、安心した明るい気持でいると自然に導かれてくるものなのです。

問題を抱え込んだ暗い心でいると、子供の殻《から》を叩いている音が聞こえません。古来からの日本の心が教えてくれていますように、明るい前向きな気持こそが成長にも、問題解決にも必要なのだと各事例が教えてくれている気がいたします。

二十一世紀が始まりました。時代が進み、文明が進化し私たちの生活は大変便利になりました。特に日本の国は五十七年間戦争もなく、平和な豊かな生活が営まれて来ました。みんなが生活しやすくなっているはずなのに、子供たちの心は必ずしも晴天ではありません。

しかし、一つだけやっぱり社会が成熟してきていると確信できることがあります。それは、障害のある人たちへの受容の気持です。もちろんまだまだの点はあるのですが、日本の社会が障害のある方々を受け入れ、生き方に学び、共に生きようとする時代になってきているのを感じます。素晴らしい生き方をしている障害のある方々がマスコミでも頻繁に取り上げられるようになってきました。また、そのままに生きることの尊さにも目が向けられて来つつあります。それは、私たちの心の中に、自然への回帰と同じように、人間の真価への回帰が求められてきているからだと思わされます。

そして、その気持の土台となる人間観「みんなちがってみんないい」「ちがっても同じ人間」「人間としての真価を生きることこそ尊い」「共感・共生」のような感性こそ、二十一世紀を創り上げていく鍵なのだと思うのです。

まとめにあたり、改めて、父母から伝えられた谷口雅春先生の『生命の實相』の深さを感じています。私の人間観・教育観は『生命の實相』あってのものです。『生命の實相』四十巻は不思議な本で、何時、何処を開いても必ず「そうなのだ！」とやすらぎを、勇気を、アイデアを、確信を与えてくれるのです。その意味で、私にとって文字通りのバイブルです。

現在の多様な価値観の中、明るく生きるエネルギーの源となる人間観・人生観を与えられ、「人間神の子、無限力」の教育観をもって、学校教育の場で生活させていただいてきた幸せをしみじみと感じます。

今、急に故鹿沼景揚先生（東京学芸大学名誉教授）が「大事なのは『観』ですよ」とニコニコしながらお話しになっている姿が目に浮かんできました。本当にたくさんの先輩諸氏にご指導いただいてきたのだと感謝の気持でいっぱいです。

終わりになりますが、この本に登場してくださった素晴らしい子供たちとお母様方との出会いに心から感謝をいたしますと共に、それぞれの方々の今後の御活躍・御発展をお祈り申し上げます。

また、毎月の実践を書きとめる契機をつくってくださった当時新教育者連盟に在席されていた木場一廣氏、そしていつも締め切りをお声掛けくださった千葉フミ子氏があってのことと感謝申し上げます。

さらに企画から編集のすべてにわたり御配意、御指導くださった日本教文社の有馬勝輝氏と関係者の方々に心から感謝を申し上げます。ありがとうございました。

著者紹介

大塚美智子（おおつか・みちこ）

昭和18年２月20日生まれ。北海道札幌生まれ。東京学芸大学学芸学部教育心理学科卒業。昭和40年東京都公立小学校教諭。昭和41年宮城県公立中学校教諭。昭和57年宮城県公立小学校教諭。平成６年仙台市教育委員会指導主事。平成9年公立小学校教頭。新教育者連盟理事。

信《しん》じて待《ま》つ　子育《こそだ》てのコツ

発　行　　平成14年10月1日　初版発行

著　者　　大塚美智子《おおつかみちこ》　〈検印省略〉
発行人　　岸　重人
発行所　　株式会社日本教文社
〒107-8674　東京都港区赤坂9-6-44
電話 03(3401)9111（代表）
03(3401)9114（編集）
FAX 03(3401)9118（編集）
03(3401)9139（営業）
頒布所　　財団法人世界聖典普及協会
〒107-8691　東京都港区赤坂9-6-33
電話 03(3403)1501（代表）
振替00110-7-120549
印刷・製本　光明社

ISBN4-531-06376-7
定価はカバーに表示してあります。
乱丁本・落丁本はお取り替えいたします。

日本教文社のホームページ　http://www.kyobunsha.co.jp/